rowohlt

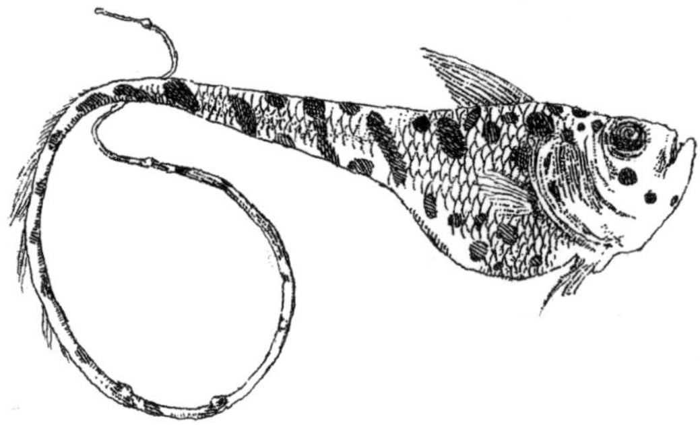

Fritz J. Raddatz

Bestiarium der deutschen Literatur

Illustriert von Klaus Ensikat

Rowohlt

Was darf die Satire? Alles.

Kurt Tucholsky

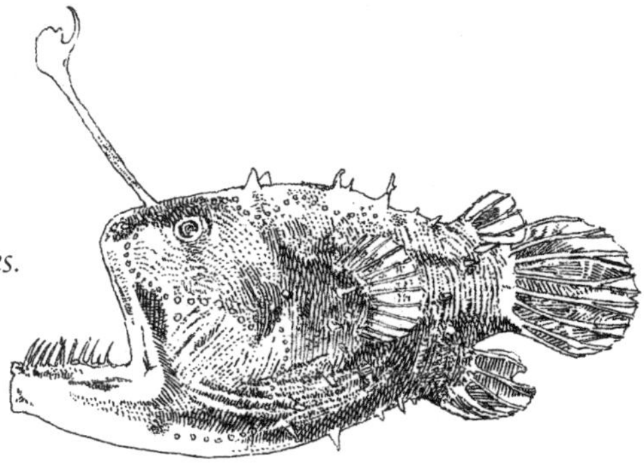

Achternbusch, der Bayerischer Gockel, dessen populärer Name wohl dem Umstand zu verdanken ist, daß das Vieh schon um acht Uhr morgens «achtern» aus dem Busch kräht. Im Volk unbeliebt und Gegenstand vieler Zivilprozesse. Vor einigen Jahren berichtete die Presse: In der Gemeinde Eching am bayerischen Ammersee wohnten seinerzeit 1404 Menschen, 669 Rinder, elf Schweine, drei Schafe und 15 Hähne. 14 davon sind normale deutsche Haus- und Hofgockel. Einer aber ist etwas Besonderes: ein Achternbusch-Zwerghahn namens «Tscheki». Er mißt von seinen gefiederten Füßen bis zum blaßrosa Kamm nur 16 Zentimeter. Seine Stimmbänder sind dafür um so kräftiger ausgebildet. Und das ist der Grund, weshalb sich die bayerische Justiz damals über Monate mit dem Federvieh beschäftigen mußte. Am Ende fällte die 4. Zivilkammer des Augsburger Landgerichts als Berufungsinstanz ein abschließendes Urteil im Hahnen-Kampf: Tschekis Kikeriki galt als unzumutbare Lärmbelästigung. Die Richter teilten damit die Ansicht der Familie Rudolf und Emilie Kofron, die mit Tochter und Schwiegermutter in der Greifenberger Straße 8a in Eching wohnte. Mauer an Mauer mit Tscheki, zwei Hennen, einer Wachtel und sechs Fasanen. Die Geflügelzucht gehörte dem Nachbarn Franz Gebele, 56, mit dem die Kofrons anfangs noch freundschaftlich per «Du» waren. Das wurde schlagartig anders, als der Schreiner Gebele an Stelle seines altersschwachen Dorfgockels vor zwei Jahren den Zwerghahn kaufte. «An und für sich hab' ich nichts gegen Hähne», versicherte Rudolf Kofron, 41.

Aber Tscheki krähe nun mal nicht wie ein normaler Hahn, sondern mehr wie eine hysterische Operndiva: «schrill, laut und oft». Als Schichtarbeiter kam Rudolf Kofron meist erst gegen ein Uhr ins Bett. «Und drei, vier Stunden später weckt ihn dies gottserbärmlich graisliche Geschrei wieder auf», klagte seine Frau. Man versuchte es mit Ohrstöpseln, Schlaftabletten und einem «vernünftigen Gespräch» mit dem Gebele. Aber der Bauernsohn fragte nur verblüfft: «Soll ich dem Gockel vielleicht den Schnabel zubinden?» Da zogen die Kofrons vor Gericht: mit sieben Zeugen, einem Tonband und einer Kikeriki-Statistik, die bewies, daß Tscheki an hellen Sommertagen schon morgens ab 3:40 Uhr schreit ... «bis zu 40mal in der Stunde, durchdringend und schrill». Das Landsberger Amtsgericht beriet lange, ob in diesem Hahnenstreit nur «eine subjektive Geräuschempfindlichkeit der Nachbarn» oder «eine objektive Ruhestörung» durch einen Zwerghahn vorlag – und gab schließlich dem jammernden Schichtarbeiter recht. Tscheki erhielt Kikerikiverbot.

Bachmann, der

Der Totenkopfschwärmer wird von der österreichischen Landbevölkerung die «Große Somnambule» genannt. Das leitet sich daher, daß der mancherorts als Unglücksbote verrufene Nachtfalter – der übrigens auch tagaktiv ist – wie betrunken auf Lichtfallen reagiert. Ein berühmter Schweizer Spezialist hat zum Zweck des Anlockens unter einem Laken aus dünner Leinwand das Licht einer Quecksilberdampflampe (wie sie auch auf Theaterbühnen verwendet werden) installiert, dazu eine sonst nur aus Romanen bekannte Schwarzlicht-Neonröhre: und *schwirr blobb, schwirr blobb,* mit einem an experimentelle Lyrik erinnernden Geräusch, läßt sich die Große Somnambule, vom Kunstlicht verführt, nieder. Oft hat der braun in braun gemusterte Falter mit seinem schönen Pelz am Kopf sich zuvor an Honig gütlich getan, den er aus Bienenstöcken in der Landschaft um Rom stibitzt. So gesättigt, läßt er sich in Schnappdeckelgläschen bugsieren, die jenen Schweizer Spezialisten bei Erhalt in einen Glückstaumel versetzen, obwohl er weiß, daß es sich um ein Exemplar handelt, das auf der roten Liste bedrohter Arten steht. Die genauen Ergebnisse seiner Forschung hat der Lichtfallensteller einer Akademie übergeben und auf Jahrzehnte sekretieren lassen.

UHE SANFT

Bernhard, der Fledermausartiger Totenvogel, dessen Flügel ihn klebrig umschlingen. Ein nasenförmig vorspringender Schnabel läßt ihn auf verzerrte Weise menschlich aussehen – weswegen ländliche Bewohner sich vor dem Tier fürchten, das vornehmlich auf Friedhöfen oder in Spital-Gärten nistet und als bösartig gegenüber seiner Umwelt gilt. Nachtsegler von großer Ausdauer, der bei seinem schweigenden Ausschwingen nur gelegentlich klagend klingende Unkenrufe ausstößt, die zu vielerlei Sagen und Überlieferungen Anlaß gaben; so gilt es in ganz Oberbayern als verbürgt, daß die jüngste Tochter eines Hofes, auf dem der Vogel nistet, von der Auszehrung befallen wird. Ein jüdischer Staatsmann Südosteuropas hatte zur Zeit des Sechstagekrieges eine Studie in Auftrag gegeben, ob man das unheimliche Tier nicht zur Bekämpfung der Palästinenser außer Landes bringen könnte. Geheimpolizisten berichteten glaubhaft, daß sie kurz nach diesem Beschluß ein großes, schwarzgesprenkeltes Bernhard-Ei im Garten des Regierungs-Palais fanden, das, von einem Sprengkommando in die Luft gejagt, wochenlang pestilenzartigen Gestank verbreitete.

ENBURG

Biermann, der Eichenprozessionsspinner. Raupe, die Deutschland in Angst und Schrecken versetzt. Spezialtrupps fliegen Hubschraubereinsätze, versprühen Gift, gelegentlich werden gar Flammenwerfer eingesetzt; denn die nur 4 Zentimeter lange Raupe, deren samtartig behaarte Rückenfelder und rötlich schimmernde Warzen das Tier possierlich wirken lassen, befällt vor allem die deutsche Eiche. Man spricht von einem musikalisch rhythmisierten Gänsemarsch, bei dem Stämme und Zweige des deutschen Symbolbaums auf der Nahrungssuche erklommen und kahlgefressen werden. In ihrer Gier nach Eichenlaub und durch eine schier unglaubliche Vermehrung können sie ganze Wälder vernichten. Die feinen Brennhaare auf dem Körper der Raupe erzeugen ein wundersam zirpendes Geräusch, das Menschen dazu verführt, sie zu berühren; sie enthalten aber ein hochwirksames Nesselgift, dessen Name *Thaumetopoein* wie die altmodische Bezeichnung für ein Lauteninstrument klingt. Doch Vorsicht ist geboten: Die nur scheinbar sanften 600 000 Brennhaare der erwachsenen Raupe schütten für jeden Bewunderer einen Cocktail aus entzündungserregenden Substanzen aus: Statt Applaus ergibt sich eine Raupendermatitis.

Böll, das Gehört zur Gattung der Panzernashörner. Ursprüngliche Heimat ist Nepal. Auf bisher ungeklärte Weise in die Rheingegend gelangt. Das bis zu 40 Zentner schwere Tier gilt als generell gutartig und wird nur in gereiztem Zustand – zum Beispiel wenn es ein BILD sieht – aggressiv, dann allerdings nachtragend und unversöhnlich. Wenn das Böll sich wohl fühlt, wälzt es sich im Schlamm – was ihm irrtümlich als Nestbeschmutzung angelastet wird. Die Massigkeit seines Körpers täuscht, das Tier ist zu überraschend zierlichen Bewegungen fähig und gilt als sehr gelehrig; die wissenschaftliche Literatur hat für seine Trippelschritte – meist von langem Gähnen begleitet – den Begriff «Satire» geprägt. Trotz seines BILD-Hasses wird das Böll oft und gern in Filmaufnahmen festgehalten und in zahlreichen Variationen in alle Welt exportiert. Erst ein unwilliges Grunzen und Zähnefletschen hinderte die deutsche Goethe-Haus-Organisation am weiteren Export des nebst Lederhosen, Bier und VW populärsten deutschen Nachkriegsvorkommens, dessen List man – obwohl ursprünglich nicht am Rhein beheimatet – gern als «typisch katholisch» anpries.

Brasch, der

Eine ursprünglich aus dem Lech bei Augsburg stammende Abart des Barschs, die sich zumeist in Bach-Tälern aufhält und deren eigenartige bartähnliche Maserung von den Kiemen abwärts die Aggressionslust seiner Artgenossen fördert. Der Fisch liebt es, durch starke Schläge der ausgeprägten Schwanzgräte in Flüssen und Flußschnellen stromaufwärts zu schwimmen, was man sonst nur von laichenden Lachsen kennt und was ihm den Namen «Unterwasseranarchist» eingetragen hat, zumal er sich – nicht nur zur Brutzeit – ausgesprochen einzelgängerisch verhält: Man hat ihn noch nie in Schwärmen auftauchen sehen, und selbst der Versuch, ihn an feste Futterplätze zu gewöhnen, scheiterte. Beobachtet wurde dagegen, daß junge, aber ausgewachsene Exemplare sich raubfischartig auf die Eltern stürzten und in wütender Kampfart Zierfische aus ihrem Bereich vertrieben. Gefürchtet bei Schwänen und Enten, denen er in die Schwimmhäute zu beißen pflegt. Unschmackhaft.

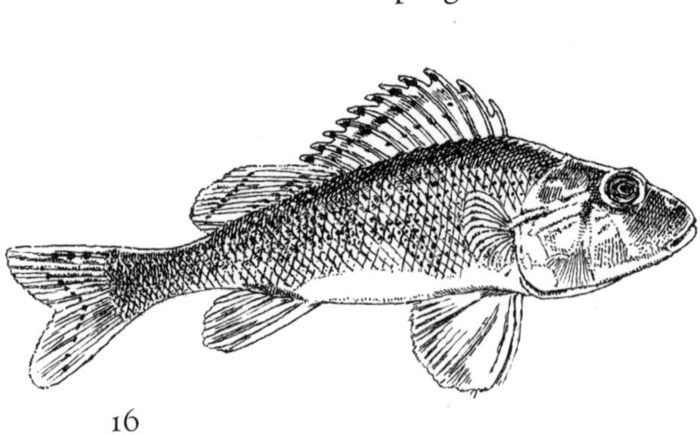

Braun, der

Beutelmull. Gewissermaßen ein Maulwurf, von diesem unterschieden durch ein goldgelb schimmerndes seidiges Fell. Die Fortbewegungsweise des mit Grabenkrallen ausgestatteten und gegen Ostwinde höchst empfindlichen *Notoryctes* wird als «Sandschwimmen» bezeichnet. Damit soll charakterisiert werden, daß das kälteempfindliche Tier (in Wandlitz wurde es bei 15,6 °C zitternd beobachtet) sich gegen viele Widerstände zu behaupten und trotz oder mit Hilfe eines Hornschildes über der Nase und seiner nur scheinbar fellüberzogenen Augen vorzüglich zu orientieren weiß. Der Beutelmull, der unter als gefahrbringend erkanntem Überbau eigene Tunnelsysteme zu graben versteht, gilt als einzelgängerisch und verweigert als Lockung hingereichten Speck. Zoologen haben sein leises Zirpen in die Rubrik «Gesang der Gefangenen» eingeordnet.

Buch, die Aus Haiti nach Europa importierte Schlangenart, berüchtigt für ihre Häutungen, die ihr zum Tarnen dienen. Ihr Kennzeichen: eine überfeine Witterung, mit der sie Erdbeben oder Tsunamis vorausahnt. Von Einheimischen daher als «Unheilsmelder» verehrt; aus demselben Grund in europäischen Medien als Hexen-Reptil denunziert.

Delius, der

Selbst in einschlägigen Lexika nur schwer aufzufindender Pelzflatterer, der als «kritischer, findiger und erfinderischer Beobachter» gilt. Das bezieht sich auf die Fähigkeit des schlanken, langschnauzigen, fuchsgroßen Tieres, sich über Entfernungen bis zu 70 Meter mittels einer den Körper umgebenden Schwebehaut wie ein Gleitflieger zu schwingen; jener «Mantel» – Fallschirm und Segelfläche zugleich – ist mit feinen weichen Haaren bedeckt. So kann der wetterfühlige Vegetarier sich über Widerstände, kritisch widerborstiges Geäst oder Baumkronen hinwegsetzen und seine Verfolger, wie in einem «Birnbaum von Ribbeck» versteckt, äffen. Obwohl sein vielspitziges Gebiß mit den Schneidezähnen martialisch wirkt, wissen Kenner, daß dieses seltene Flug-Säugetier harmlos ist; seine Stimmlage, die an das Weinen eines hilflosen Kindes gemahnt, wird als Indiz für gruppenscheue «Bescheidenheit» genommen, wie ein Experte es ausdrückt. Eine Akademie nannte ihn gar «menschenfreundlich».

Drawert, das Das Drawert wird in der Trivialliteratur die Blauflügel-Prachtlibelle genannt, eine verballhornte Bezeichnung für «dreht sich». Das feingemusterte Tier – die Weibchen tragen goldbraune Flügel, die Männchen schwarz-irisierende – dreht sich nämlich auf der Suche nach Nahrung um sich selber; zwar sind die Extremitäten zum Ergreifen der Beute nach vorne gerichtet, aber die Komplexaugen liegen weit auseinander. Das Tier gebietet mit den bis zu 30 000 Linsen dieser Augen, mit denen es winzigste Details erfassen kann, zwar über präzises Sehvermögen, muß sich aber ständig irritierend in der Luft bewegen, um die «Fangmaske» genannten Mundwerkzeuge zu versorgen. Ähnlich den Großlibellen spreizt das Drawert in Ruhestellung seine Flügel, was ihm auch den zweiten Namen «Rose der Lüfte» eingetragen hat, obwohl alle Libellen anfangs als Nymphen im Wasser leben, ehe sie sich häuten. Der oft langwierige Vorgang ist besonders gut zu beobachten in den Seen der östlichen Umgebung von Berlin.

2
5
6
7
8
9

Dürrenmatt, die Weinbergschnecke. Sie befällt vornehmlich bestimmte Weinsorten der Schweiz – Espese; Dôle; Fendant –, von deren Beeren sie sich ernährt. Auf dem Rücken trägt sie ihr besonders zierlich gemustertes Schneckenhaus, zart gefärbt und wie von Künstlerhand modelliert. Nach wie vor unerforscht bleibt die Produktion eines dünnen, aber reißfesten Seidenfadens, was Experten von einem «dramatischen Rätsel» sprechen läßt; tatsächlich kennt die Fachwelt die oft seltsam zu Knoten verschlungenen Fäden bislang nur bei Raupen – die öfter den eigenen Faden wieder verschlingen. Das konnte bei dieser Schneckenart nicht beobachtet werden, obwohl große Scharen von Bewunderern, die extra ins Wallis gereist waren, die Eigenarten des rundlichen Tieres mit Spannung verfolgten. Einige von ihnen wollen eine wohlige Beharrlichkeit bemerkt haben, sogar eine Art Rausch nach allzu behaglich-genießerischem Abnagen der Rebstöcke.

Elsner, der Schwarz-langmähnige Afghanen-Rasse. Nervös-furchtsam, daher leicht aggressiv. Eine Droge wurde nach dem elegant und leichtfüßig wirkenden Tier benannt, weil es einen weit stärker ausgeprägten Spür- und Geruchssinn besitzt als andere Artgenossen. Diese Hypersensibilität setzt es instand, Krankheiten, Verwucherungen, eitrige Ausscheidungen des Menschen zu wittern und durch Zähnefletschen zu signalisieren. International prämiert wurde zumeist die grünäugige Züchtung, die von Experten den Namen «Hypnotic Eye» erhielt, in der deutschsprachigen Fachkritik fälschlich als «Böser Blick» eingebürgert.

Enzensberger, der Ein Falter, der die Wissenschaft bis heute vor Rätsel stellt. Offenbar eine Nebenentwicklung des Totenkopfschmetterlings. Von dem jedoch gibt es eine Sorte, betörend schön, aber giftig – so daß, wer sie frißt, daran stirbt; dann wiederum gibt es so bezeichnete «Nachäff-Falter», die genauso aussehen, aber nicht giftig sind. Einige Untersuchungen wollen den flatternden Schönling wiederum der Gattung «Blauer Mond» zuordnen. Die hätte nach allen Berechnungen vor ca. 65 Millionen Jahren – also parallel zu den Dinosauriern – aussterben müssen, weil ein mysteriöser Gen-Defekt, ein Webfehler im Genom, bewirkte, daß der männliche Nachwuchs bei lebendigem Leib von Parasiten gefressen wurde. Gute Mutationen – auch «positive Selektion» genannt – merzten den Fehler aus, Forscher des University College London konnten eruieren, daß die Männchen dadurch nach geraumer Zeit gerettet waren. Eine «Hochgeschwindigkeitsevolution» hat *Hypolimnas bolina,* den prachtvoll weißgefleckten Falter mit den blauen Schatten, uns in seiner Schönheit erhalten.

Fichte, der

Als Prouste-Blume mißgedeutetes Zwitterwesen, changierend zwischen Koralle und Auster. Häufiges Zucken am Rande, auch ohne Zitronenbeträufelung, zeigt eine Empfindlichkeit, die als *Hysteria fichteana* in die Literatur einging; wie aber nur die verletzte Auster Perlen produziert, so baut sich als künstliche Paradiese der Fichte eine gelegentlich spitz-schneidende, ihrerseits verletzende, meist farbenprächtige Korallenunterwelt, die für den normalen Schwimmer nicht ungefährlich ist und bei Tauchern Lederkleidung angeraten sein läßt. Forscher in Puma wollen auch Giftabsonderungen wahrgenommen haben. Ein jüngst in Beninien abgehaltenes Symposion über den Fichte, der neuerdings vor allem in afro-asiatischen Kulturen grassiert, fand unter dem Titel «Essai sur le transvestitism animal» statt.

Franck, der Triops-Krebs. Diese eigentlich uralte Tierart – mit geschätzten 220 Millionen Jahren zählt der *Triops cancriformis* zu den ältesten Lebewesen unseres Planeten – überlebt, indem sie sich in Sandböden eingräbt. Eine Chemnitzer Geobiologin will neuerdings Exemplare des besonders ruhebedürftigen Schalentieres im Müggelsee östlich von Berlin geortet haben. Sie nannte die eierlegenden Weibchen «Mittagsfrauen» und schrieb in einer Expertise: «Am besten, man läßt sie vollkommen in Ruhe, sonst sind sie hin.» Voruntersuchungen ergaben, daß das Familienleben der bereits durch kleinste Wassertemperaturschwankungen oder mangelnden Sauerstoffgehalt extrem gefährdeten Krebsart gekennzeichnet ist von Grausamkeit und Entzug jeglicher gegenseitigen Anteilnahme. Gegen solche Verlusterfahrung haben die Urzeitkrebse eine Art Rettungsanker entwickelt: Die Triops-Eier sind von einer spiegelglatten Hülle ohne jeden Riß umgeben und so hermetisch von der Umwelt abgeriegelt. Diese Versiegelung schützt vor dem Verlust von Nährflüssigkeit. Verblüffend lyrisch formulierend, nannte ein Wissenschaftler das ein «Rücken-an-Rücken»-Verfahren, mit dessen Hilfe das mit zarten Finnen und großen Augen ausgestattete Tier sein Überleben und seine millionenfache Population schützt. Im heutigen Sprachgebrauch würde man von «alleinerziehend» reden.

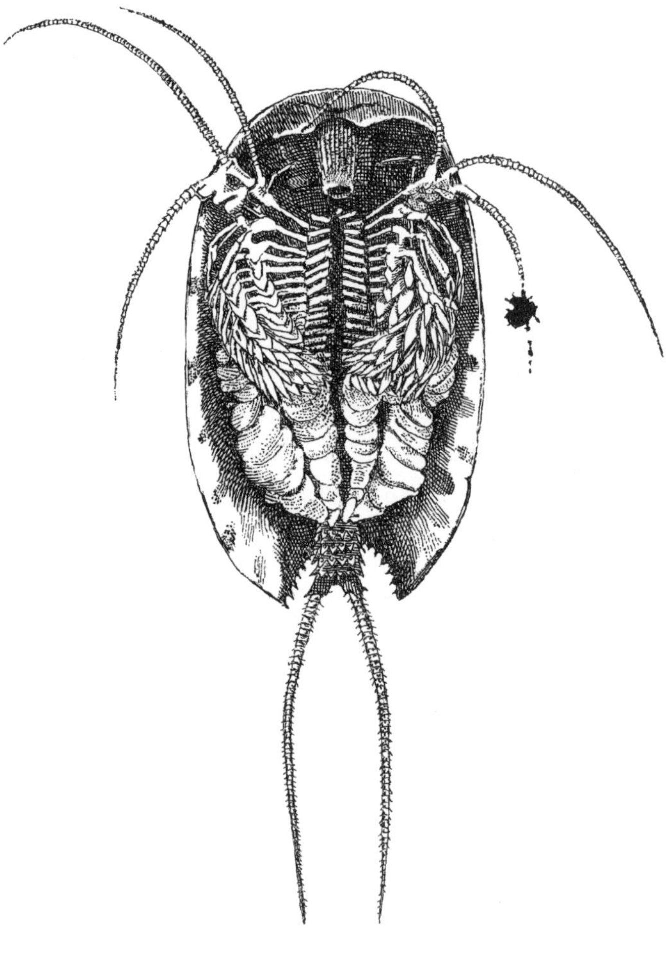

Frisch, der Auf ungeklärte Weise in die Schweizer Bergwelt gelangter Großer Panda, dessen zoologischer Name *Ailuropoda melanoleuca* auf eine Disposition zur Melancholie schließen läßt, obwohl Beobachter ihn beim behenden Verzehr von Bambusspitzen als possierlich schildern. Der in die Schweizer Bergwälder verschlagene Riesenpanda zeichnet sich durch hohe Paarungsfrequenz aus, wobei er auf der Suche nach weiblichen Partnern theatralische akustische Signale einsetzt. Die Lautäußerungen des paarungsbereiten erwachsenen Pandamännchens geben Auskunft über seinen Hormonpegel – bei steigendem Testosteronspiegel brummt er mit zunehmend größerer Ausdauer und unterscheidet sich von Rivalen fast bühnenreif durch Modulationen des Brummtons: Bei überdurchschnittlich hohem Testosteronpegel erfolgt eine besonders dichte Folge von Frequenzmodulationen. Forscher haben darauf hingewiesen, daß das Sexualhormon bei diesem Schweizer Pandabären ähnlichen Einfluß auf das Bindegewebe – das die Stimmbänder säumt – hat wie bei Schauspielern. Übrigens nur bei männlichen, deren Bindegewebsstränge drei- bis fünfmal so steif sind wie die der Frauen. Ob weibliche Artgenossen tatsächlich auf die lautstarke Werbung hören, ist bislang nicht belegt.

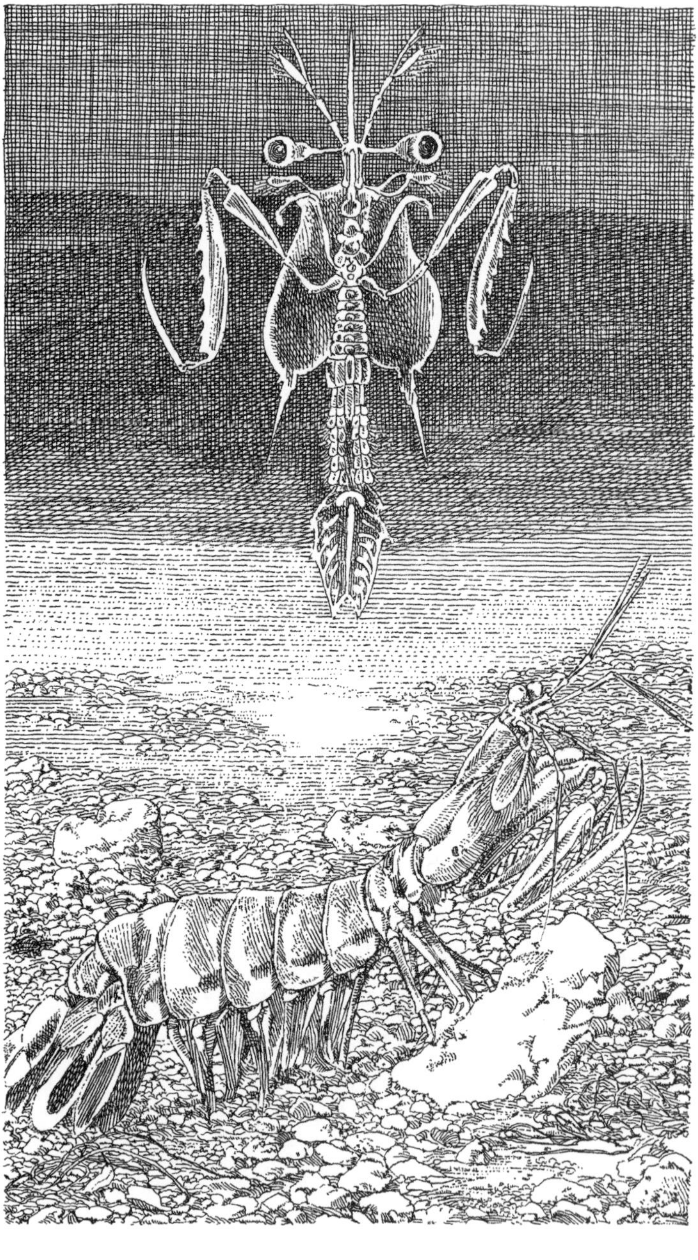

Goetz, der

Der Goetz wird in der Populärwissenschaft ein Fangschreckenkrebs genannt. Die in weithin unerforschten Gewässern – etwa dem Great Barrier Reef vor Australien – beheimateten Krustentiere sind mit dem komplexesten aller bisher bekannten Sehsysteme ausgestattet: Spezielle lichtempfindliche Zellen in den Augen dieser Krebsart fungieren als sogenannte Verzögerungsplatten, die Phase und Polarisation des durchfallenden Lichts ändern. Linear polarisiertes Licht wird so in zirkular polarisiertes umgewandelt. Diese Funktion benötigen DVD- und CD-Player zum Lesen von Daten. Da das menschliche Auge nur drei Rezeptortypen hat, der im Dunkel des Meeres lebende Krebs dagegen zwölf, hat die Industrie ihre Fangquoten gesteigert.

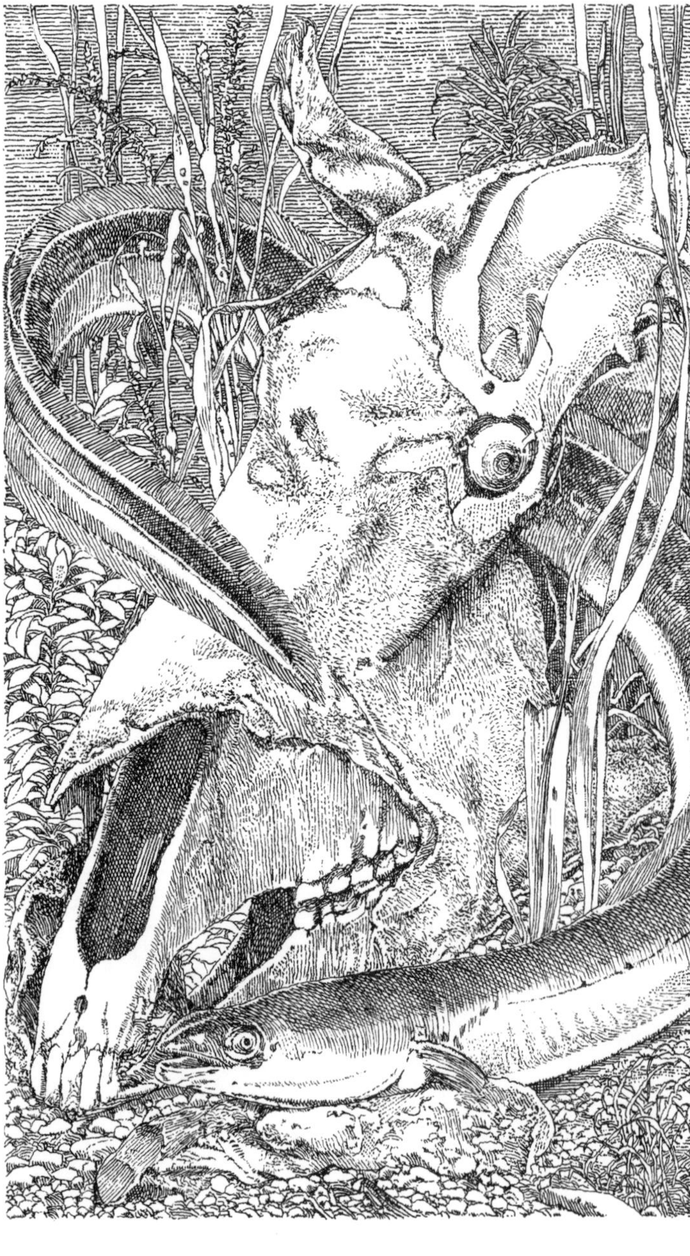

Grass, der Aal-Art, deren Herkommen aus der Danziger Bucht als gesichert gilt. Obwohl als einziger Fisch von Leichenfleisch lebend – die «Deutsche Nationalzeitung» sprach von ganzen Kompanien ritterkreuzgeschmückter, gleichwohl onanierender Pimpfe, die von ihm verzehrt wurden –, ist der Grass heute eine weitverbreitete Delikatesse. Vor allem an der amerikanischen Ostküste, wo er «Flounder» heißt, aber auch in Paris unter dem Namen «Turbot» gern genossen, gefällt das Tier sich zur Laichzeit in barock gewundenen Bewegungen, klumpt aber danach zu schimmelpilzförmigen Knollen zusammen. Getrocknet wird der Grass auch in asiatische Länder exportiert, kann aber in dieser Form nur mit einer scharfen Sauce genossen werden, weil er sonst einen pestilenzartigen Gestank in einer rötlichen Wolke verbreitet. Wissenschaftler haben versucht, die Substanz zu destillieren und unter dem Etikett «Espehdeh» auf den Markt zu bringen. Das Hilferding wurde aber vom Finanzkapital nicht aufgenommen. Unförmig.

Habermas, das

Das Habermas. Oberbayerische Redensart – Ha'mer a Mas – für eine besonders gefährdete Art von Primaten. Forschern ist es bislang nicht gelungen, seine Verständigungssprache zu enträtseln, obwohl sich in den letzten Jahrzehnten ein internationales Dechiffrierkartell gebildet hat. Auf dessen Kongressen wird behauptet, das Habermas könne sich durch bestimmte Ruflaute zum Clan-Herrscher aufschwingen und durch wiederum andere – begleitet von aggressivem Vorderarmwedeln – Feinde in die Flucht schlagen. Die These dieser Experten, es handele sich um eine Form von Sprache, ist pure Spekulation geblieben.

Hacker, die Gehört zur Gattung der Milben. Die berühmteste wissenschaftliche Untersuchung charakterisiert die Art folgendermaßen: «Die Gewohnheiten der Milben würden jeden Pornographen sprachlos machen. Ein Heuschreckenparasit etwa bringt zwei Sorten Männchen zur Welt. Die erste Art klettert in die Mutter zurück und befruchtet sie. Daraufhin bringt diese eine zweite Brut hervor, zu der auch wieder einige Männchen gehören. Diese Männchen paaren sich dann mit ihren Schwestern. Bei einer anderen Art vereint sich die Mutter mit dem Enkel, dem Nachkommen ihrer Tochter, die ihrerseits ein Sprößling der Mutter und eines ihrer Söhne ist. Wieder andere Milben beschränken sich auf die Paarung von Bruder und Schwester.»

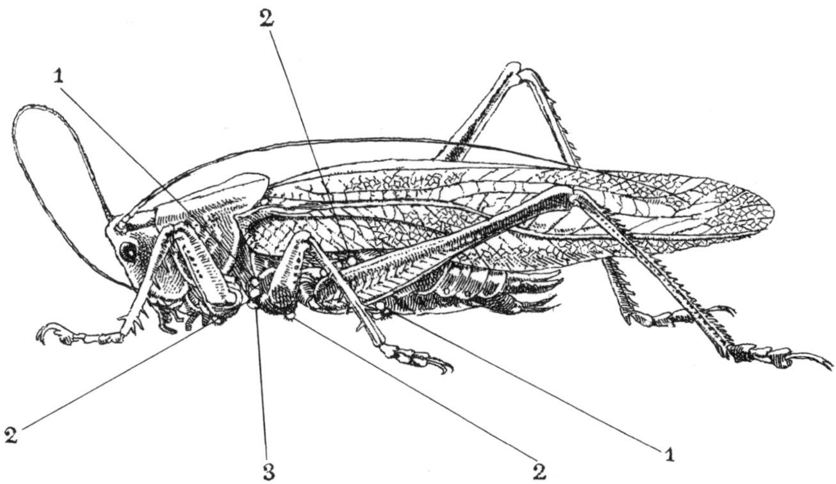

Hacks, der Gehört zur Gattung der Schreitvögel, die ihren Namen einem majestätisch anzusehenden Gehabe verdanken. Sie können auf der Suche nach Nahrung durch Wasser laufen, ohne daß ihr Gefieder naß wird. Dazu zählen Ibisse, Löffler, Störche und Seidenreiher. Hacks ist ein Purpurreiher, dessen Prachtgefieder zur Goethezeit besonders bei Hutmachern sehr beliebt war. Er besitzt auch ganz spezielle sogenannte Puderfedern; wenn sie ausfransen, wird ein feiner Puder daraus, den der Vogel in den Schnabel nimmt und bei seiner Gefiederpflege zur Entfernung von Schleim und Fett benutzt. Der Purpurreiher gilt als wenig sozial, lebt vornehmlich allein und kann über dem Wasser Schattenspiele aufführen, indem er die Flügel ausbreitet und zu einer Art Schirm aufspannt; damit täuscht er Fische und Konkurrenten bei der Nahrungssuche.

1954

Hahn, die

Herpestes urva ist der wissenschaftliche Name für die Krabbenmanguste, eine Sub-Kategorie der Schleichkatzen, verwandt mit der in Südfrankreich und auf der Pyrenäenhalbinsel verbreiteten Ginsterkatze. Schon die Pharaonen vergötterten das gedrungene, aber kräftige Raubtier mit seinen hochgestellten Innenzehen und großen Spannhäuten. Das mal eisengrau, mal dunkelbraun gemusterte Fell – von den Augen zur Schulter zieht sich eine weiße Binde, die einen vornehmen Eindruck macht – verleiht dem ca. einen Meter langen Tier eine spielerische Eleganz. Unterstützt wird dieser Eindruck gewiß durch die bevorzugte Nahrung der aus Nepal eingeführten Manguste, die, wie der Name besagt, sich vor allem von Krabben, Krebsen, Hummern und anderen Schalentieren ernährt. Wesensmerkmal des fast immer vorangehenden Männchens ist der 30 bis 35 Zentimeter lange Schwanz, der etwa ein Drittel der gesamten Körpergröße ausmacht.

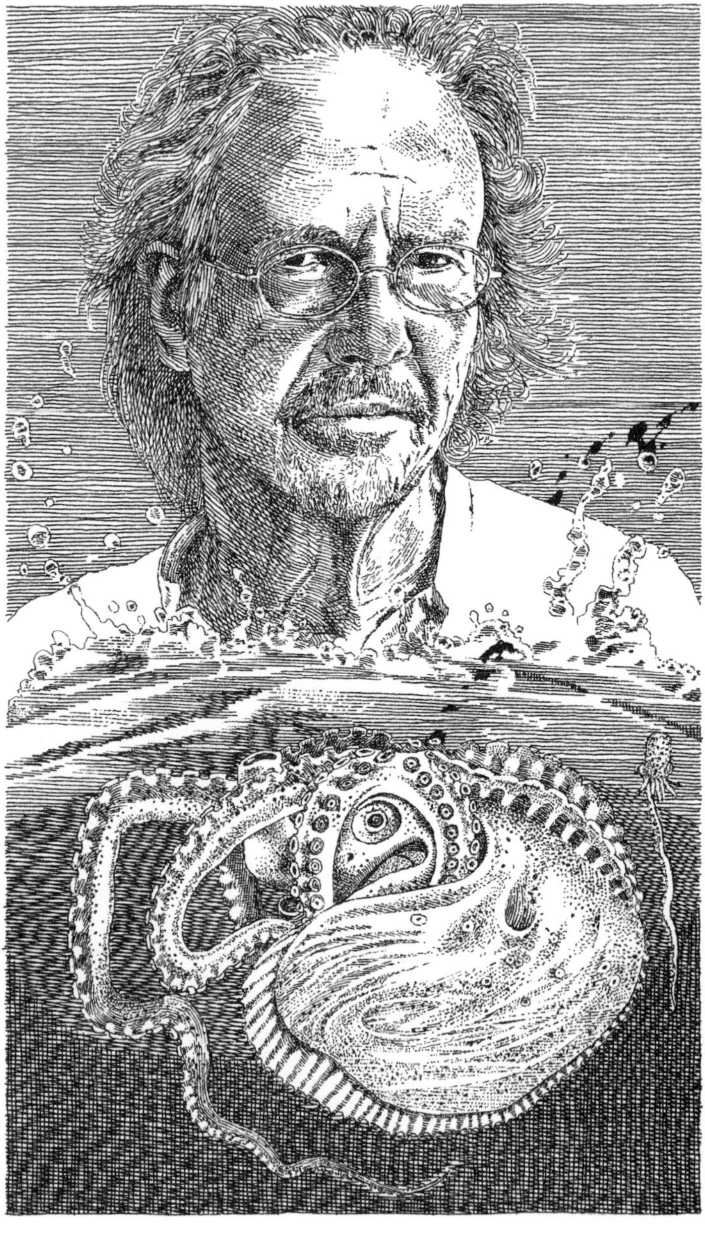

Handke, der Zweifelsfrei zu den Kopffüßern gehörender Meeresbewohner. Unklar ist bislang, ob es sich um eine Moschuskrake handelt oder nicht doch eher um das sogenannte «Papierboot», das mit dem lateinischen Namen *Argonauta Argo* klassifiziert wird. In jedem Fall artverwandt dem Schiefaugenkalmar, ein bis zu Kinderhandgröße auswachsender Tiefseegaukler, von dem Wissenschaftler erst jüngst herausgefunden haben, daß er in den dunklen Welten des Ostpazifiks Licht erzeugen kann. Kopffüßer-Männchen zeigen unterschiedliches Werbeverhalten, manche präsentieren bestimmte Muster auf ihrem Körper, um Weibchen zu beeindrucken. Mit Hilfe eines umgewandelten Arms – des *hectocotylus* – senken die Tintenfische während der Kopulation ihr Sperma in die Mantelhöhle des Weibchens: und sterben nach der Paarung. Bei dem besonders winzigen Papierboot-Männchen bricht der Arm ab.

Härtling, die In der Fachliteratur auch «Hoelterlin» genannt – behäbige Raupe, die wider Erwarten der Wissenschaftler sich nie zu einem Schmetterling entpuppte, sondern nach vielen Mutationen – vornehmlich in der Landschaft der Len-Au – immer nur ein Kriechtier blieb. Von pelziger Oberflächenstruktur, ernährt sie sich wesentlich von den Früchten des Faulbaums. Gilt als besonders gutmütig und gesellig. Die Härtling produziert im Unterschied zu vergleichbaren Raupenarten das ganze Jahr, und zwar einen ungewöhnlich breiten, in schönen Farben schimmernden Halbseidenfaden. Zur Besonderheit der Art gehört es, daß jeweils im Herbst, zwischen August und Oktober, die Härtling aus diesen Fäden landauf, landab kunstvolle, spinnwebartige Muster wirkt, die wie eine Handarbeit des 19. Jahrhunderts aussehen. Solche sogenannten Hoelterlin-Gewebe sind in der Vorweihnachtszeit sehr gefragt, werden zwischen meist orangefarbene lackierte Pappdeckel gepreßt und vieltausendfach verschenkt.

Hein, der

Dieser «Kleine Igeltanrek» ist eine zoologische Variante des gut erforschten «Großen Tanrek». Beide sind stachelbewehrte Igel, die von ihrem Hauptfeind – dem uniformierten Menschen – der «Selbstbespuckung» geziehen werden: weil sie ihr Stachelkleid mit Speichel pflegen, wobei sie seltsam leise singende Laute ausstoßen. Der «Große Tanrek», übrigens sehr wählerisch in seiner Nahrung, sucht nach Insekten ausschließlich am Boden, kann auch in Trockenzeiten in seinem unterirdischen Bau überleben und hat mit Widerhaken ausgestattete Stacheln, die gleichsam abgeschossen werden und sehr schmerzhaft für jeden Angreifer sind. Die zuverlässigste Publikation über ihn heißt «Landnahme».

Unserem weitaus possierlicheren «Kleinen Tanrek» wurde jüngst eine Untersuchung mit dem Titel «Weiskerns Nachlaß» gewidmet. Sie kommt zu dem Resultat, daß dieser Igel eher hoch hinauswill, d.h. über die künstlerische Fähigkeit verfügt, auf Bäume zu klettern und sich elegant von Zweig zu Zweig zu schwingen. Grannenhaare an der Schnauze verleihen ihm ein schnurrbärtiges Aussehen und ermöglichen es ihm, die anfangs widerspenstigen Weibchen zu kitzeln. Männchen meiden einander und verjagen den Rivalen durch schnarchähnliche Abwehrlaute.

Hermlin, der Singschwan, von Anrainern auch «Posaune des Ostens» getauft. Ursprünglich in den Tundren Westsibiriens und der russischen Taiga beheimatet, ist der Singschwan in Deutschland noch immer extrem selten. Im Gegensatz zum ordinären Höckerschwan haben die hochschwebenden Segler einen zierlichen gelben Schnabel und stoßen an Posaunenklang gemahnende fremdartige Töne aus, mit denen sie Streitigkeiten untereinander austragen oder auch trompetend ihren Gegnern angst machen; Gegner sind andere Schwäne, die aggressiv bekämpft werden. Der Singschwan lobt sich gerne selber, in höchsten Tönen nach der Kopulation; in gottesfürchtigen oder anders diktatorischen Zeiten, etwa im Spreewald oder in Sachsen, wurde sein Gesang als im «Abendlicht» erklingendes Kirchengeläut untergegangener Orte gedeutet.
In spätbürgerlichen Chroniken wird der *Cygnus cygnus* auch schlicht Gelbschnabelschwan genannt und die Variationsbreite seiner melodischen, nasalen Klänge hervorgehoben. Neuere Forschung indes hat ergeben, daß der bis zu 2 Meter Flügelspannweite große, auch als eitel geltende Vogel ein sehr feines Gehör hat. So kann er den Rhythmus

von Fröschen im Paarungsgesang erkennen und blitzschnell verharrende Froschweibchen aufschnappen, die von einem bestimmten hochfrequenten Grunzton des rufenden Männchens wie hypnotisiert sind. Der Gelbschnabelschwan ist ein fremdes Getier verachtender Genießer.

Hochhuth, der

Papierwurm, von dem zahlreiche Bibliotheken befallen sind und der seinen Namen wohl einem tiaraförmigen Höcker verdankt. Erstes Aufkommen belegt in der Septuaginta, zum Erstaunen der Fachwelt neuerdings auch in Theatern gesichtet – dort verschlingt er nicht mehr Bücherberge, sondern ruiniert nach Ansicht bösartiger Kritiker und Direktoren angeblich die Bühnenböden; die Spur, die er dort hinterläßt, heißt «Jamb», und seine Vorliebe gilt den Vorhängen. Eine renommierte Kammerjägerfirma H. & K. mit Sitz in Hamburg vermochte ihn nicht zu vertreiben. Man nennt das Tier auch starrsinnig, in seinem Fleiß hingegen gilt es als unbeirrbar. Seine langen, metrisch geordneten Ausscheidungen werden sorgsam in international renommierten Archiven verwahrt, da sie als historisch einmalig eingestuft sind.

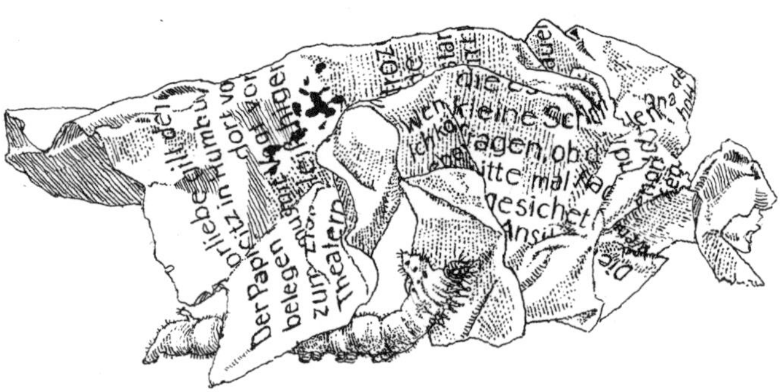

Höllerer, die Im Soldatenjargon benutzte Steigerungsform von Hölle. Damit sollen zuerst einmal die höllischen Schmerzen schwerer Verletzungen beschrieben werden – dann aber sind vor allem die Maden gemeint, die oft bei der Therapie von offenen Wunden benutzt werden. Maden oder Larven – meist aus den Eiern der Schmeißfliege geschlüpft – werden seit Urzeiten zur Wundreinigung eingesetzt; von Australien bis Zentralamerika, von den Aborigines bis zu den Maya. Im amerikanischen Bürgerkrieg beobachteten Ärzte der Konföderierten: «An einem einzigen Tag säubern die Maden eine Verwundung deutlich besser als alle anderen Substanzen, die wir zur Verfügung haben.» Da diesen Ärzten für ihre Truppen weniger Verbandsmaterial als den Unionstruppen zur Verfügung stand, konnten sie zugleich feststellen, daß sie

es mit weniger Wundinfektionen zu tun hatten. Inzwischen wurde ein «Höllerer»-Lehrstuhl an der Ostküste der USA eingerichtet, und auch an europäischen Kliniken besann man sich auf die Nützlichkeit der zu Unrecht verachteten und des lächerlichen Gewimmels verdächtigten Tierchen. Ein deutscher Forscher summierte in der Zeitschrift «Die Made im technischen Zeitalter»: «Die Anwendung von Maden in der Wundbehandlung ist weder abstrus noch abseitig, sondern zählt eindeutig zum Repertoire der Schulmedizin.»

Hürlimann, der Besonders seltene und kunstvoll gemusterte Kreuzung aus Seegurke, Seestern und Wurmseewalze; alle drei zur Klasse der Stachelhäuter gehörend, die überall auf der Welt in Meeren resp. am Meeresgrund verankert leben. Unsere Spezies, auch Gipfelseeigel genannt, findet sich überdies überraschenderweise in den Alpenseen der Schweiz, ähnelt im organischen Aufbau den Seelilien und gilt zugleich in der Gastronomie als besondere Delikatesse. Das Ungewöhnliche der raren Kreuzung besteht darin, daß sie als sogenannter Nahrungsfiltrierer räuberisch lebt, Algen abweidet und um ein stabiles Innenskelett aus Kalkplatten gruppierte, streng symmetrische, sternförmig angebrachte Stacheln besitzt. Je nach Lichteinfall, Wassertiefe und Fortbewegung (z. B. bei der Atmung oder Nahrungsaufnahme) schimmert dieser von einigen Kantonszoologen auch «Dornenkronenseestern» benannte Asteroid in den phantastischsten Farben, changierend zwischen Korallenrot, Grüngold oder Tiefblau. Entsprechend hymnisch formuliert auch die wissenschaftliche Literatur, die vom «Glück des Betrachters» spricht, der jenes «Spiel und Widerspiel als Bewegung erlebt in die uns von der

Natur verordneten Stillstände». Ein Forscher aus der Uckermark, der das zaubrisch an besonnten Stränden blitzende Fabelwesen fast liebend erwähnte, schwärmte gar von «früheren Lebensformen, die uns durch diese Kunstwerke nachgetragen wurden».

Jelinek, die Wegen ihres sonderbaren *Neck-Neck*-kreischenden Rufs so benannte, nach Wien verirrte Möwe, deren besonders scharfe Augen jederlei Müll zur Resteverwertung erhaschen. Kinder ergötzen sich an ihrem Sturzflug und haben ihr den Küchenmädchennamen Elfriede verpaßt, weil sie von denen gewohnt sind, daß sie nicht preisgeben, wo sie Käse-, Wurst- oder Quarkreste preisgünstig ergattert haben. Nach dem Verdauen des aufgelesenen Abfalls sind die Ausscheidungen übelriechend und derart ätzend, daß sie jegliche Politur oder Lackbeschichtung zersetzen. Oft entstehen auf bürgerlichen Garnituren oder Luxusartikeln dadurch aparte Muster. Einige Ornithologen sprechen von Kunst.

Johnson, der Pottwal. Häufigstes Vorkommen an der nordnorwegischen Küste, von Hamburg oder Berlin so weit entfernt wie der Nordpol. Dieser Wal stammt von einem vierbeinigen Säugetier ab, einem Paarhufer, und hat sich vor Millionen Jahren gleichsam rückwärts entwickelt: Die Vorderbeine wurden zu Flossen, die Hinterbeine schrumpften. Die Legende will, daß das eine verbliebene Nasenloch eine alkoholhaltige Fontäne herauspustet, «Blas» genannt, was Einheimische deswegen «Glas» aussprechen. Der bucklige Kopf heißt auch Dickschädel, und die «Fluke», wie der Fachausdruck für die Schwanzflosse des massigen Tieres lautet, erinnert an ein riesiges Ginkgoblatt, das Goethe so plastisch besang. Auf diese Weise hat der pro Tag eine Tonne Nahrung benötigende Pottwal Eingang in viele literarische Mären, Deutungen und mehrbändige Interpretationen gefunden: Mal versucht man, das Rätsel zu lösen, wie das tintenfischjagende Biest, das seinem Opfer oft die ausgestreckten Arme ausreißt, überhaupt in den Darß gelangen konnte, mal hat man das Solar in dem langen, dicken Kopf messen wollen, das, lärmend wie die Druckerpresse für einen vierbändigen Roman, seine Beute lähmt. Während die weiblichen Tiere mit dem oft einzigen Jungen in wärmeren Gewässern verharren, ziehen die Pottwalbullen bis zu den Azoren umher. Die «New York Times» publizierte Anfang der 80er Jahre des vorigen Jahrhunderts eine Reportage mit Fotos, derzufolge ein 50 Tonnen schwerer Pottwal vor der Ostküste der USA gesichtet worden war, als er die Walmutter und das Junge angriff, um schließlich mit ohrenbetäubendem Klatschen der «Fluke» abzutauchen.

Kappacher, die

Niemand weiß, wie die kunstfertige Rotohrmeerkatze, die immer aussieht wie in schöne Melancholie versunken, nach Österreich gelangt ist. Obschon eine Affenart, gleicht sie keineswegs den sogenannten Menschenaffen – Schimpansen, Orang-Utans –, vor deren Zookäfigen sich die Menschen staunend stauen, weil sie sich widergespiegelt fühlen. Meerkatzen hingegen haben sich aus diesen klimatisierten Tier-Büro-Türmen zurückgezogen; es scheint, als lauschten sie den eigenen Lauten und sparten ihre Gesten der Zärtlichkeit abseits jedes großen Trubels. Dabei ist die Rotohrmeerkatze – ähnlich etwa der Rotschwanzmeerkatze und dem Husarenaffen – ein durchaus soziales Wesen, das sein Selbstvertrauen, manchmal auch seine Furcht, durch vielfältige Signale auf Artgenossen überträgt. Der seltsam besinnliche Gesichtsausdruck ähnelt am ehesten dem der Diademmeerkatze, weswegen ein berühmter Affenforscher dem Tier eine Würde zuschrieb, die er mit den Worten umriß, man habe den Eindruck von steter «Prüfung der Lebensart».

Kehlmann, der Norddeutsche, auch berlinisch volkstümliche Bezeichnung für die eigentlich Salzburger Variante des Molkendiebs, eines Schmetterlings in sehr angenehmen Farben. Zu seinen ansonsten in der Zoologie selten beobachteten Eigenschaften gehört die Fähigkeit, im Schein großer Tiere zu gaukeln, deren Bewegungen und Täuschungsmanöver er nachahmt. Forscher wollen beobachtet haben, daß er – ähnlich bestimmten Mottenarten – gerne ein Licht umschwirrt, vorzüglich Scheinwerferlicht von Freilichtbühnen. Sein Tanz im Wind ist streng rhythmisiert, und der leichte Flügelschlag, um die Balance auf Blütendolden zu halten, wirkt wie eine einladende Geste; daher beim Betrachter sehr beliebt.

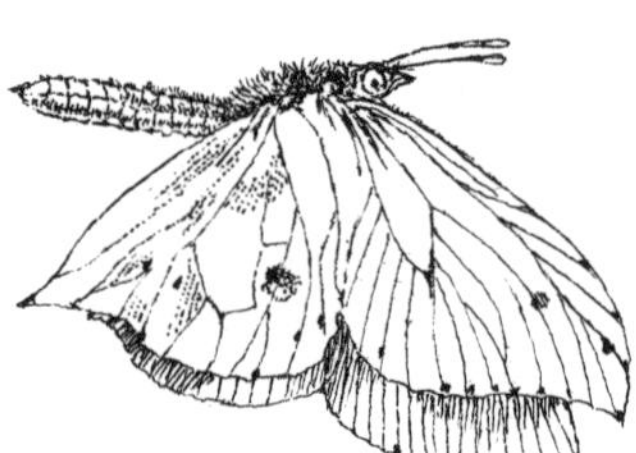

Kempowski, die Einzeller, der gewöhnlichen Nordseequalle ähnlich, aber mit besonders ausgeprägten Fangarmen. Mit deren Hilfe vermag die ansonsten farblose Gallertkugel größere Tiere und Gegenstände zu erjagen und in einer Art Vorratskammer über längere Frist aufzubewahren. Gilt bei Wissenschaftlern deshalb als «Erinnerungswunder». Da dieses Wesen an der Luft leider verdunstet, bleibt von ihm nichts übrig als die erlegten Utensilien, die je nach Substanz manchmal schon in den Verdauungsprozeß einbezogen waren. Die Kempowski erfreut sich sowohl bei am Strand spielenden Kindern, die sich mit der harmlosen Qualle bewerfen, großer Beliebtheit als auch bei Lehrern, die ihren Schülern den Vorgang der Materialaneignung – von Niveatuben bis zu Präservativen – demonstrieren wollen. Daher stammt wohl der für die Kempowski gelegentlich gebräuchliche Ausdruck Flaschenpost.

Kirchhoff, der Der Klippschliefer wird oft fälschlicherweise den Nagetieren zugerechnet, gehört aber – obwohl Sohlengänger – zur Ordnung der Huftiere. Vor Millionen Jahren soll er die Größe von Tapiren gehabt haben – die jetzt meist auf Klippen und Bergabhängen lebenden zierlichen Pflanzenfresser sind eher klein, behende und von nahezu kunstvoller Beweglichkeit. Dieses meisterhaft Behende verdankt sich den weichen, zarten, durch eine tintenähnliche Flüssigkeit feucht-klebrig gehaltenen fleischigen Sohlen, mit denen glatte Wände erklommen werden können. Beobachter verglichen die graziös-schnellen Bewegungen mit der Fähigkeit von Geckos, denn wie diese vermag der Klippschliefer etwa kopfunter an fast senkrechten Flächen zu laufen oder sich an halsbrecherischen Stellen der von ihm bewohnten Felsen anzukleben; dabei kann er Höhen von drei bis fünf Metern mühelos überwinden, sogar mit langen Sätzen acht bis zehn Meter hohe senkrechte, überhängende Wände hinabgleiten, hinunterlaufen und abspringend ein neues Felsgesims erreichen. Zum Charakteristikum des geselligen Tieres gehört, daß es zwar abends oder nachts durch vernehmliches Stimmengeräusch kritische Gegner – wie etwa Leoparden – zum Davonschleichen bringt, zugleich aber am einmal gewählten «Wohnplatz» festhält; das mag eine Felsgrotte oder ein Verlagsgebäude sein.

S
B
30

Kirsch, das

Auch das Sarah genannt, weil das truthahnähnliche Tier zur Jungfernzeugung fähig ist, deren Fachbegriff Parthenogenese lautet. Bei vielen Tierarten – Würmern, Wasserflöhen, Blattläusen – nutzen die Weibchen diesen Trick, um vor allem in Notzeiten sich ohne die Mitwirkung eines Männchens fortzupflanzen. Vor Jahrzehnten haben amerikanische Wissenschaftler herausgefunden, daß die Eier des *Beltsville Small White Turkey* parthenogenetisch entstehen. Zur Überraschung der Fachwelt fanden sich Exemplare dieser Truthühner auch in Norddeutschland. Nach komplizierten Züchtungsverfahren und Experimenten mit der Verdoppelung der spezifischen Geschlechtschromosomen entschlüpfte aus einem von sieben Eiern ein gesundes Truthähnchen, ungeschlechtlich erzeugt. Es ist kenntlich durch einen besonders hohen und feinen Fiepton, der als abendlicher Lockruf interpretiert wird.

Kleeberg, die

Taufliege. Der französische Spezialist Le Goff – Kollegen haben seiner Darstellung «eine Syntax von anrührender Lakonie» bescheinigt – hat in einer akribischen Studie dem Insekt «Grazie» zugebilligt, wobei er den Begriff rückkoppelt auf das französische «gracieux», genießend. Das soll als Hinweis darauf verstanden werden, daß die Taufliege mit ihren winzigen Flügeln fast wohlgefällig genießerisch bis zu zweihundert Mal pro Sekunde auf und ab schlägt, um abheben zu können; «es grenzt an ein kleines Wunder», folgert der Forscher, weil dergleichen mit gewöhnlichen Muskeln nicht zu schaffen wäre. Solche Flugmuskeln indes verfügen über «ultraschnelle Supermuskeln», die sich mit Hilfe eines speziellen Genoms entwickelt haben. Ob dieses sich bereits bei der Verschmelzung von Ei und Samenzelle ausbildet oder erst später durch eine «Spalt» genannte Abspreizung zweier Muskelstränge entsteht, ist trotz Untersuchungen in einem Pariser Hospital nicht erforscht. Besucher mehrerer Parkanlagen in der französischen Hauptstadt, denen ein Streik der Métro Zeit für ihre Beobachtungen ließ, wollen einen Kontraktionskreislauf beobachtet haben, bei dem sich die nervösen Flügel blitzschnell mal nach oben und mal nach unten bewegen und so den eher massigen kleinen Körper in die Lüfte katapultieren. Wohl deshalb hat Le Goff seine Veröffentlichung «Das amerikanische Hospital» genannt, die er im Herbst 2010 auf einer vielbesuchten Vortragsreise durch zwölf deutsche Städte zwischen Berlin, Karlsruhe und Mainz vorstellte.

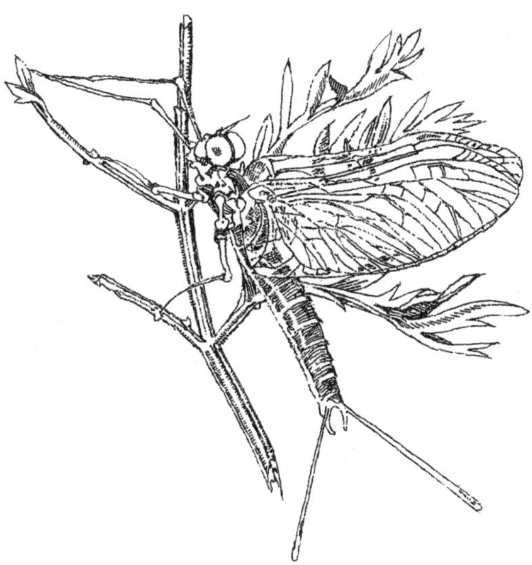

Kluge, das Absonderlich-spektakuläre Mischzüchtung aus Greifadler und Mausvogel, die zwei kooperierenden Forscherteams renommierter Universitäten gelungen ist. Das Kluge kann dank einer Flügelspannweite von bis zu drei Metern in großer Höhe schweben und dank besonders oszillierender Augen fotogenau Spuren oder Reste von Lebewesen entdecken; und zwar den Stiefelabdruck samt daran klebendem Kot von Soldaten so gut wie die Asche von gebrandschatzten Gebäuden, unter der noch Fleischfetzen verborgen sind. Dem Mausvogel ähnlich kann das Kluge aber auch mit hochgerecktem Schwanz kopfüber in Büschen oder Bäumen hängen und so jegliche verdächtige Bewegung verfolgen. In dieser Position stößt es kaum verständliche Alarmrufe aus, die sich wie *Vox Vox* anhören. Wissenschaftler haben die sonderbaren Laute auf vielfache Weise mit Hilfe von elektronischen Meßgeräten zu entschlüsseln versucht. Vergeblich. Aus konkurrierenden zoologischen Instituten wurde massiv Kritik an der klonähnlichen Züchtung laut und der Verdacht angemeldet, daß es sich in Wahrheit um eine militärische, drohnenähnliche Konstruktion handelt, deren hochempfindliche sogenannte «fotografische Intelligenz» einem Warmblüter nicht zuzuschreiben ist.

Koeppen, der Gehört zur Gattung der Nashornvögel. Höhlenbrüter mit ungewöhnlich langer Nist- und Brutzeit – bis zu vier Jahrzehnten. Ohne Raub- und Kampfinstinkte, die auch beim Männchen kaum ausgeprägt sind. Läßt sich ohne Scheu von Familienangehörigen ernähren. In zoologischen Gärten viel bewundert ob seiner in Perlmuttfarben schillernden Fiederung, die streng gegliedert wirkt oder, wie es in diversen laienhaften Untersuchungen heißt, «rhythmisiert». Der Vogel ist scheu, aber zahm – so daß er inzwischen zur Ausstattung großangelegter Villengärten der vornehmen Vororte deutscher Städte gehört, deren Besitzer ihr Exemplar gern und oft Preisrichterkollegien zur Verleihung von allerlei Ehrentiteln und Medaillen vorführen. Die meisten Preise heimste ein Frankfurter Reihenhausbesitzer ein, dessen Exemplar seine einst rosa Fiederung in eine Farbe verändert hat, deren Unbestimmbarkeit die Modebranche dazu brachte, sie «amère» zu nennen. Das Tier ist außer zu Preisverleihungen nicht bereit, seinen Nistplatz zu verlassen; der Besitzer hat in zwölf Jahren nur zwei Küken erlebt, die kurz nach dem Ausschlüpfen und der frohgemuten Anzeige im «Börsenblatt für den deutschen Nashornvögel-Versand» an Blutarmut starben.

Kolbe, der

Der Luchs ist die größte europäische Wildkatze und zugleich ganz unzulänglich erforscht; kaum jemand hat einen Kuder (wie das Männchen heißt) oder den zwei Monate lang von der Katze in Höhlen versteckten Wurf je in freier Natur gesehen. Dabei hat sich das Tier mit den Pinselohren inzwischen in ganz Europa vermehrt. Auf der Iberischen Halbinsel schätzt man den Bestand des Pardelluchses auf über zweihundert, gerissenes Wild zeugt von Streifzügen durch den Harz, von Sachsen bis in die Schweiz. Wurfhöhlen in Italien sind in der Nähe der Villa Massimo und der Adenauer-Stiftung Villa La Collina bei Cadenabbia belegt. In einer Fachzeitschrift «Mikado» wird der Luchs als besonders intelligent, aber scheu und wechselhaft beschrieben. Selbst an amerikanischen Universitäten wurden in Zusammenarbeit mit der Aston University, Birmingham (England), und der Petrarca-Preis-Stiftung von Hubert Burda Symposien über das rätselhafte Waldtier abgehalten, von dem man nur vier Exemplare in einem von einer Großdruckerei finanzierten Schaugehege in Rabenklippe (Harz) besichtigen kann. Da die vorderen Läufe des dunkel gefleckten Pardelluchses kürzer als die hinteren sind, haben auf Spurenlesen spezialisierte koreanische Wissenschaftler mit Hilfe von Infrarot-Videos diese Krallenschrift transkribiert und dem deutschen Schriftsteller Franz Fühmann zur Übersetzung anvertraut. Der veröffentlichte in der DDR-Zeitschrift «Sinn und Form» u.a. diese Zeilen eines «Kuder-Gesangs», wie er es nannte:

Heut bist du ein weißes Blatt,
das ruhig warten kann.
Verwegen ist das.

Kronauer, die Eingedeutscht Kuhschelle. Bis dato unklar, ob Tier oder Pflanze. In Adalbert von Chamissos «Illustriertem Heil-, Gift- und Nutzpflanzenbuch» eindeutig dem botanischen Bereich zugeordnet als «Pflanze, die ehedem officinall gewesen. Sie besitzt eine ausnehmende Schärfe; wenn man ihren Saft auspreßt, reichen dessen Ausdünstungen hin, die Augen zu entzünden und mit Tränen zu füllen.» Die Glockenform der Blüte führte zu der Bezeichnung Kuhschelle.

Wissenschaftler der Universität von South Florida in Tampa haben aber jüngst in sensationellen Reihenuntersuchungen diese Ausdünstungen in Verbindung gebracht mit den Körpertemperaturen des Chamäleons; das ist nachts, bei kälteren Temperaturen, wie viele Schlangen und Echsen eigentlich lahm, hat eine Aktivitätsminderung um 33 Prozent, die sogenannte «Kältesteife». In Tampa hat man nun herausgefunden, daß die Zunge der Chamäleons sowohl bei 15 als auch bei 35 Grad gleich rasch hervorschnellen kann. Ähnlich der Betäubung durch eine «Kuhschelle» ist das Tier, das vornehmlich zwei männliche Insekten mit einem Zungenschlag verschlingt,

in der Lage, in 0,07 Sekunden die Zungenspitze eine Entfernung zurückschießen zu lassen, die der doppelten eigenen Körperlänge entspricht. Das schwer einzuordnende Geschöpf wird in die Kategorie «floristische Fauna» eingeordnet.

Kunert, die Aus dem Osten Deutschlands nach Schleswig-Holstein abgewanderte Unke. Ihre schattigen Laute, nur nächtens zu vernehmen, sind von Forschern noch nicht endgültig dechiffriert worden; manche schreiben sie der Balzzeit zu, um mit dem eigenartigen Grunzen Weibchen anzulocken – andere wiederum interpretieren die aus feuchtem Luchgebiet dringenden, schnattrig klingenden Geräusche als Warnrufe, mit denen das Laichgebiet für den zahlreich schlüpfenden Nachwuchs verteidigt wird.

Kurzeck, der Igel. In weit ausgreifenden Fabeln und Legenden wird er als eigensinnig beschrieben, auch als sanftes Tier, das gleichsam mit Bedacht seine Familie über Chausseen führt, zugleich aber nächtens auf Mäusejagd geht: «Sie suchen, sie stöbern, sie jagen. Sie fressen, soviel sie nur können, und bleiben die ganze Nacht wach», heißt es in einer Chronik. Ein besonders farbig die Welt des Kurzeck-Igels ausschmückendes Märchen verleiht ihm menschliche Fähigkeiten: Da kann er den Herbst riechen, an die Unsterblichkeit glauben «oder wenigstens die ewige Wiederkehr»; diese auch «Lollarer Igel» genannte Abart frißt gerne gegorene Beeren, ist dann ein wenig besoffen und rollt sich possierlich auf den Rücken, die kleinen Pfoten über dem verletzlichen Bauch gefaltet; Pfoten und Bauch sind inzwischen immer öfter teerverklebt, von den langen Spaziergängen durch Neubaugebiete. In dem Kinderlied «Vorabend» heißt der Refrain: «Seit ewigen Zeiten wissen die oberhessischen Igel, daß sie nützlich sind und ihnen deshalb hier bei uns in der Gegend keiner was tut.»

Lange, die

Die «Lange» ist lange Zeit bis hin zur Namensgebung von der Tierforschung falsch eingeordnet worden. Anfangs zählte man sie zu den «Mörderfrauen», auch «Femmes fatales» des Tierreichs genannt, weil sie wie die weiblichen Glühwürmchen mit leuchtenden Liebessignalen ihren Partner ins Gras locken, um ihn dann aufzufressen. Später kam die Theorie von der Nacktschnecke auf, einem Hermaphroditen, der ausprobiert, von wem das Sperma genommen wird. Evolutionsbiologen haben diese These verworfen, zumal die Lange größer ist, zwar fliegen kann wie eine «Femme fatale», aber schwerer und einfallsreicher ist. Neuerdings zählt man sie zur Gattung des Laubenvogels. Aufsehen erregte ein etwas flapsiges Interview, in dem ein Forscher die Eigenart der Lange beschrieb: «Es gibt Laubenvögel, die sich eine ganz tolle Hütte bauen und mit glänzenden Käferpanzern und Blütenblättern schmücken. Man denkt, es sei das Nest für den gemeinsamen Nachwuchs. Von wegen. Es ist eine Junggesellenbude, die nur dazu dient, dem Weibchen zu imponieren und es herumzukriegen. Also, da ist der Weg zu Hugh Hefners ‹Playboy Mansion› nicht mehr weit.

Frage: Was verrät uns das über die Frauen: Sind sie entweder so doof, auf Blender hereinzufallen? Oder signalisiert so eine luxuriöse Bude: Der Kerl hat entweder Kohle oder günstige Gene? Antwort: Na ja, auf einen gewissen Leistungswillen weist so eine Luxusbude schon hin. Und was vielleicht auch nicht unwichtig ist: Werden die eigenen Söhne genau solche Weiberhelden, werden auch sie ihre Gene besonders breit streuen.»

Lehr, der

«Das Rätsel der großen Klappe» lautet der Titel einer Studie aus San Diego über diese Tukan-Art mit hoher Intelligenz, deren «Markenzeichen» der übergroße Schnabel ist – bei manchen Sub-Arten mißt er mehr als ein Drittel der Körperlänge. Im Gegensatz zu Alexander von Humboldt, der in dem Riesenzinken ein Instrument zum Fischen sah, haben neuere Forschungen ergeben, daß fast alle Tukane – ob Cuvier-Tukan, Schwarzschnabel-Tukan oder Weißbrust-Tukan – große Früchte bevorzugen, die sie allerdings im ganzen verschlucken, also nicht wirklich verdauen können. Deshalb setzt die Wissenschaft – oft wird von Sandwich-Verbundwerkstoffen gesprochen – Hornplättchen im Tukan-Schnabel voraus, «die von einem organischen Kleber zusammengehalten» werden. Eine andere Studie beschreibt «Atemnot» des Betrachters angesichts des zwar lebhaften und phantastisch bunten Vogels, dessen sinnlos scheinende Manieriertheit es jedem Zoobesucher zu verbieten scheint, sich zu einer Verschnaufpause «auch ruhig mal keuchend zurückzulehnen».

Lenz, die Weitverbreiteter Oberflächenbefall der norddeutschen Heidelandschaft, inzwischen Vorkommen auch in Schleswig-Holstein, Hamburg und Dänemark. Es handelt sich um eine Art Trocken-Qualle, die zu herrlichen Farben vermahlen und zerrieben werden kann, wie sie vor allem Nolde gern benutzte; in geringsten Substanzen sehr ergiebig. Die befallenen Pflanzen verfärben sich, gedeihen aber prächtig dabei und sind in Balkonkästen und Zierschalen sehr beliebt wie auch in den Bungalow-Gärten alternder Politiker. Die Forschung konnte noch nicht endgültig klären, ob die Heimat der Lenz tatsächlich in der Masurengegend zu lokalisieren ist und wieso sie dann besonders gut in dänischen Küstengebieten gedeiht und erst in den späten 50er Jahren so starke Verbreitung fand. Die gutartige und umweltfreundliche Lenz wird fälschlich als Schädling verfolgt, wo sie doch selber früher Brennesseln am Wegesrand die Köpfe abhieb und dergestalt ihre Verbreitung bekämpfte. Tatsächlich gehören Schädlinge zu ihrer Nahrung.

Lettau, der Vor zwei Jahrzehnten nach USA exportierter siamesischer Raubwels, den eine kleine Universität an der Westküste aus Ziergründen eingeführt hatte und der inzwischen zu einer von der Polizei bekämpften Landplage wurde. Der rosafarbene Fisch, ursprünglich von den Yankees zärtlich Manig gerufen, entpuppte sich als so aggressiv, daß selbst die gefürchteten brasilianischen Piranhas vor ihm flüchteten und der eingeborene amerikanische Katzenwels ihm im Kampf unterlag. Zur Verblüffung der Einwohner machte sich das als modische Heimzier eingeführte Tier an regnerischen Tagen auf und überquerte – «Auftritt Manigs» – zu Hunderten die Straßen: zu Fuß. Niemand hatte gewußt, daß dieser Fisch laufen und atmen kann; er verließ zierliche Gartenbecken und Freiluftanlagen auf seinen Flossen und suchte sich Wege zu neuen Wasserläufen, bevorzugt solchen der Ansiedlungen von Farbigen. «Wo immer die Raubwelse auftauchen, vernichten sie praktisch alle anderen Fische, selbst die größten und wehrhaftesten», berichtet Professor W. R. Courtenay von der Universität Florida.

ROAD

Lewitscharoff, das Damenimitator. So tauften mit respektloser Ironie jüngere Wissenschaftler dieses Riesenkänguruh, weil auch das männliche Tier mit bemerkenswertem Hüftschwung andere Wildtiere wie Löwen anlocken kann. Dabei entkommt das oft 88 Stundenkilometer schnelle Beuteltier seinem Verfolger stets mit bis zu neun Meter weiten Sprüngen, ermüdet allerdings rasch, ist also ein Kurzstreckensieger. Seine Reichweite ist begrenzt, zumal das schwere und große Tier nicht hoch springen kann. In seinem Beutel birgt es eher kleinteilige Beute, die es auf erstaunliche Weise hübsch zu sortieren weiß und damit größere Fangqualitäten vortäuscht. Eingeborene, in Fachzeitschriften auch Juroren genannt, leben vom in diesen Kreisen beliebten Fleisch oder spinnen ihre Wolle aus dem Fell. Das wird in «Wild Life» als besonders langhaarig, derb und mal grau, mal braun charakterisiert. Als ungewöhnlich wird sein soziales Verhalten, vor allem in Gruppen, hervorgehoben; so gräbt das *Makropus* auch in der Paarungszeit nie einem Männchen das Wasser ab, sondern ernährt sich auch bei trockenem Futter vom Feuchtigkeitsgehalt des eigenen Körpers. Man nennt das auch das «Apostoloff»-Syndrom.

Maier, das Rarität des ländlichen Lebens, wie sie wohl nur noch in Legenden vorkommt. Kreuzung aus dem stromlinienförmigen Yokohama-Huhn (das aus der gleichnamigen japanischen Hafenstadt nach Europa verschifft wurde) mit seinem fließenden Federkleid und dem holländischen Haubenhuhn, das vor dem eigenen kunstvollen Federbausch auf dem Kopf zu erschrecken scheint. Die Überlieferung der Zoologie ist widersprüchlich. Mal soll das prächtige Tier in der Wetterau, mal in der Nähe von Bad Nauheim gesichtet worden sein; mal heißt es in vermutlich aber fiktiven Berichten, es sei im Garten eines Steinmetzbetriebes gezüchtet worden, dann wieder soll es auf Wiesen unter den Apfelbäumen eines neu errichteten Hauses majestätisch pickend gesichtet worden sein. Kinder, denen abends wie aus einem Märchenbuch alte Urkunden vorgelesen werden, aber ohne «liebliche Anekdoten», haben den geheimnisvollen Vogel «Bergische Krähe» getauft.

Maron, der

Die Unze *(Felis onza)* wird der Jaguar genannt, der als das gefürchtetste aller Raubtiere Amerikas gilt. Ein seltenes Paar Jungtiere der schwarzen Spielart wurde dem Polizeiminister einer osteuropäischen Diktatur bei einem der sogenannten «Freundschaftsbesuche» in Lateinamerika geschenkt. In seinem weitläufigen Bonzenanwesen zog er die Tiere auf, das Weibchen – mit besonders scharfen Sinnen ausgestattet, stark und wild – brach aus und versetzte die in dichten Wäldern gelegene Privilegiertensiedlung in Angst und Schrecken. Obwohl nicht sehr groß, gilt vor allem das weibliche Tier als furchtbarer Räuber von enormer Kraft und geschmeidiger Geschwindigkeit. Zum Entsetzen der bewaffneten Grenzbeamten stürzte sich die Bestie auf das Jagdgespann des Staatsoberhaupts, erlegte eines der beiden Kutschpferde, schleppte die zusammengekoppelten Tiere – das eine zuerst noch lebend – samt der zerbrochenen Deichsel über einen Brachacker und über den Grenzfluss; die zu spät abgefeuerten Kalaschnikow-Salven verhinderten nicht, daß die schwarzgemusterte Wilde fast höhnisch mit lautem Gebrüll reagierte. Sie fraß von beiden Pferden das Fleisch – und ließ wie verächtlich die Kadaver liegen. Nie kehrt ein Jaguar zu Resten zurück.

Mayröcker, der Hybride. So bezeichnen Wissenschaftler nach neuesten Erkenntnissen Lebewesen des Tierreichs, die sich gegen alle Gefährdungen der Umwelt durch eine bislang unbekannte Form der Evolution erhalten: die Kreuzung zweier Arten, die nur vermittels dieses Artensprungs überleben. Solche Tiere entziehen sich jeder von Menschenhand gemachten Bedrohung und verweigern jegliche Erziehung zur Possierlichkeit. Es wurden Schwarzspitzenhaie beobachtet, die aus der Kreuzung mit anderen Hai-Arten hervorgingen, kleiner, wendiger und offensichtlich intelligenter waren: Sie schlüpften durch die an Zeitungsspalten erinnernden feinmaschigen Netze der Fischer, verweigerten die Nahrungsaufnahme in jenen obligaten Glasaquarien, die wie Verlagsgebäude aussehen, und tauchten bei Applaus weg. Hybriden trotzen der Umweltzerstörung des alltäglichen Tam-Tams, Gesäusels und Gedudels. Sie sind eine ganz eigene Kategorie, was einen Tierexperten vom «Ende des tradierten Artenbegriffs» sprechen ließ. Tatsächlich gilt es als erwiesen, daß Jaguar und Leopard, Löwe und Tiger inzwischen miteinander fruchtbare Nachkommen zeugen. Mangels naturwissenschaftlicher Nomenklatur nennt man sie «Gedichte». Eine ganz besondere Spezies ist der zu den Kleinkatzen gehörende Silberlöwe, auch Puma oder Kuguar genannt, der zu eindringlichen Klagelauten fähig ist. Eine österreichische Expertise kommt zu der Schlußfolgerung: «Der Silberlöwe kommt leise zum Ziel. Denn anders als die Großkatzen kann er nicht brüllen.»

Mosebach, der

Der oft «Andenflamingo» genannte Vogel – obwohl er u. a. zahlreich in der Camargue vorkommt – ist eines der graziösesten Tiere überhaupt; sein gravitätischer Gang läßt vermuten, er sei sich seiner Schönheit bewußt, wiewohl er sich seiner rötlichen Färbung zu genieren scheint. Beides – das stolzierende Schreiten wie die rosa bis rote Färbung des Gefieders – verdankt sich jedoch durchaus natürlichen Ursachen: Ersteres, weil der Flamingo seine langen Beine nicht einknickt, vielmehr zum Fressen den ungewöhnlich langen Hals gleichsam herrisch beugt und mit dem stark gebogenen Schnabel kleinere Krebstiere, Einzeller und Algen aus dem Wasser aufnimmt. Die prunkvolle Färbung indes entsteht durch das Karotin in Pflanzen und Plankton, das Enzyme in der Leber des Flamingos zu Farbpigmenten verarbeiten.

Deshalb wird das Bestaunen des Tieres oft als irrtümlicher Applaus verächtlich gemacht. Erst jüngst quittierte ein Ornithologenkongreß mißmutig die Preisverleihung durch eine Jury, die den Vogel einzigartig nannte, als Irrtum irregeführter Laien, die nicht wahrhaben wollten, daß der Flamingo nur eine Salzwassersumpf-Stelze sei.

Müller, das

Okapi. Bildet mit dem einzig nahen Verwandten, der Giraffe, die Familie der *Giraffidae,* wirkt aber wie die Kopie eines berühmteren Tieres. Das schwarzweiß gestreifte Hinterteil (ähnliche Streifen an den Vorderpfoten) erinnert an das Zebra – und gleicht damit einer Nachahmung. Dabei teilt das Okapi viele Gemeinsamkeiten mit der wesentlich größeren Giraffe: Es hat dieselben ungefährlichen, fellbezogenen Hörner, dieselbe lange schwarze Zunge, mit der es Nahrung ins Maul ziehen kann. Das Okapi hat einen vierkammerigen Wiederkäuermagen, der ihm erlaubt, soviel Nährstoffe wie möglich aus allerlei gerupftem Geäst und Gezweig hochzuwürgen und ein

zweites Mal zu kauen. Im Unterschied zu anderen Wiederkäuern kann das Tier beim Wiederkäuen laufen; so bietet sich ihm reichlich Zeit zum Fressen, womit es täglich 12 bis 20 Stunden verbringt. Beobachter sprachen von «Arbeit», als sie sahen, wie das Okapi mit seinen muskulösen Lippen nicht nur junge Triebe rupfte, sondern auch trockene Blätter zu Cigarrenform rollte; eine besondere Leberfunktion schützt vor dem Gift von Vorgefundenem. Da das Okapi schlecht sieht, aber gut hören kann, wird es gerne und oft für zirzensische Veranstaltungen eingesetzt und mit raffiniert funktionierenden Punktstrahlern ausgeleuchtet.

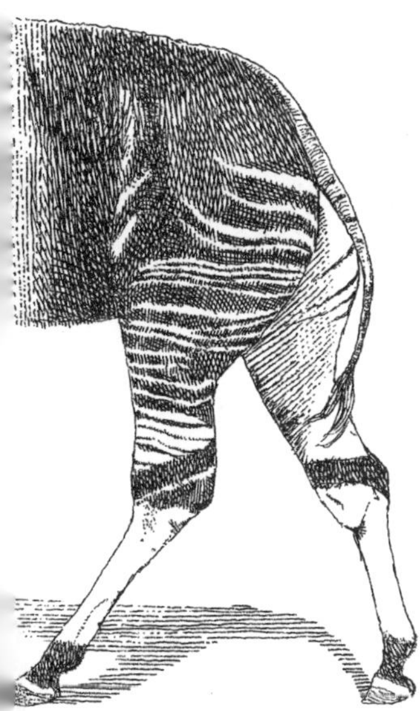

Müller, die

Zu Unrecht im Volksmund als Giftnatter bezeichnete ungiftige Viper, die aber – um Feinde abzuschrecken – über die perfekte Mimikry gebietet: Sie ähnelt in Form und Farbe den gefährlichen Baum- und Würgeschlangen. Das schmale und flinke Tier ist offenbar eine nach dem Balkan abgewanderte Abart der Abgottschlange, deren Schwanz noch verkümmerte Reste von Beinen aufweist, weswegen die Forschung annimmt, sie habe sich vor Urzeiten aus Echsen entwickelt; diese bis zu zehn Meter lange Riesenboa kann große Säuger erlegen und verdauen, also Wasserschweine, Hirsche, Kaimane. Unsere harmlose Variante hat vor allem raffinierte Verteidigungsstrategien. So kann sie dank Infrarotrezeptoren die Wärme von Verfolgern wahrnehmen oder sie abschrecken, indem sie – wie ansonsten nur bei Kobras bekannt – die Rippen als Schild abspreizt, um größer zu erscheinen. Bei einigen der Weibchen sitzen auf der Rückseite ihres Schildes große augenähnliche Flecken, die ihren Feinden suggerieren, sie wären mächtiger und wehrhafter, als sie es in Wirklichkeit sind. Ähnlich anderen Artgenossen – etwa der Bullennatter – stößt sie bei Gefahr Luft aus den Tracheen aus, wodurch ein Knorpel in Schwingung versetzt wird, ähnlich dem Kugelkopf einer Schreibmaschine, und es entsteht ein Laut wie raschelndes Papier. Die durch viele Finten ihren Kopf schützende Schlange ist inzwischen in ihrem Lebensraum gefährdet, weil ihre schön gemusterte Haut gerne zu Uniformgürteln verarbeitet wird.

Muschg, das

Das Muschg ist ein durch besonders schönes Fell auffallendes Murmeltier aus der Gegend der Graubündner Alpen. Es gilt im Unterschied zu den als dumm verschrienen Eichhörnchen – die oft vergessen, wo sie ihre Wintervorratsnüsse versteckt haben – als intelligent, zahm und gesellig. Das Fell ist nicht kostbar, es werden ihm aber heilende Kräfte zugeschrieben, weswegen es zu allerlei Therapiezwecken verwendet wird. Das Muschg ist wegen seiner durchdringenden Pfeiftöne, die es in Fällen von Gefahr oder Bedrohungsgefühlen ausstößt, bei den Einheimischen nicht sehr beliebt; sie suchen es zu vertreiben oder sehen in ihm einen bevorzugten Exportartikel. Hauptmarkt ist Frankfurt am Main.

Ortheil, der

Der Hoatzin wird vom saloppen Journalisten auch als «fliegende Kuh des Regenwalds» bezeichnet. Damit sollen wohl die Flugrouten des weitgehend unerforschten Vogels beschrieben werden, von dem einige seltene Exemplare vom Westerwald bis Rom unterwegs sind. Die seriösere Beschreibung des amerikanischen Naturforschers William Beebe kommt dem Rätsel der Evolution etwas näher: «Der Flug des Hoatzin erinnert an ein überfressenes Huhn. Sein Ruf ist ungefähr so melodiös wie der Schrei des Pfaus und nicht ganz so sonor wie das Brüllen eines Alligators.» Damit spielt der Wissenschaftler darauf an, daß der Jungvogel – der sich in unseren Breiten gerne bei Bauern und Gastwirten versteckt – anfangs stumm ist; wie übrigens auch manche der Muttertiere über längere Zeitspannen. Beide verständigen sich jedoch mit Hilfe von Lauten des Flügelschlags, die an leise Klaviermusik erinnern. Andere Beobachter sprechen von Liebeskummer, der durch die befremdliche wie zart rhythmisierte Federsprache zum Ausdruck komme. Wegen dieser zugleich putzigen und geheimnisvollen Artikulation des – vor dem Abflug nach Rom – oft in heimischen Bäumen kletternden und nistenden Vogels mit den krallenbewehrten Flügeln spricht der amerikanische Experte vom Hoatzin auch als dem «wohl bemerkenswertesten und interessantesten Vogel, der heute auf der Erde zu finden ist».

Politycki, der

Der Mauersegler, den man auch «Meister der Aerodynamik» nennt, ist in gewisser Weise ein internationales Tier. Mit seinen Sichelflügeln, dem windschnittigen Rumpf und einem Kopf, der auch bei Schräglage immer in der Horizontalen bleibt, schwingt es sich bis zu 3000 Meter in die Lüfte, Deutschland oder die Schweiz oder Europa überhaupt gleichsam fliehend; dort verweilt der ca. 40 Stundenkilometer schnelle Flieger wie nach einem exakten Plan. «Er trifft in merkwürdiger Regelmäßigkeit bei uns ein», berichtet ein Beobachter aus der Nähe von Frankfurt am Main, «gewöhnlich am 1. oder 2. Mai, und bleibt bis 1. August.» Das ist auch die Periode für die Aufzucht der Jungen, die wegen ihrer Anzahl und Häufigkeit des Schlüpfens von Spöttern auch «Taschenbücher» getauft wurden: Der Mauersegler baut nämlich keine «gebundenen» Nester, sondern nutzt Felshöhlen, Dachgiebel oder Mauerspalten als Nistplatz; vornehmlich dort, wo seine untrügliche Witterung ihm den Geruch von Druckerschwärze verrät: in aufgelassenen Gebäuden alter Rotationsmaschinen oder verfallenen Hallen mit rostenden Bleisatzapparaturen. In sprichwörtlich gewordener Eleganz

schwebt er mit seiner Flügelspannweite von 40 Zentimeter, ein vielbewundertes Leichtgewicht, über Kontinente hinweg in ferne Länder. Voll Enthusiasmus haben Passagiere der «MS Europa» bei einer weiten Kreuzfahrt das Spiel dieses «Delphins der Lüfte» bewundert. Ob die Behauptung stimmt, der so leicht manövrierende Vogel könne im Flug schlafen, sich gar fliegend paaren, konnte bislang nicht bewiesen werden.

Ruge, der

Erst kürzlich vor Rügen aufgetauchter Seehase, ein seltener Fisch, dessen Rogen, «Caviar des Nordens» genannt, als besonders schmackhafte Delikatesse gepriesen wird; die Laich-Zeit soll zehn Jahre betragen. Da das Tier bislang so gut wie unbekannt war, ranken sich viele Spekulationen um seinen Lebensraum, seine Zuwanderung und seine Lebensweise. So wurde auf einem jüngst abgehaltenen Kongreß «Animal Studies» seine Artikulationsfähigkeit untersucht, und ein Biologe wies darauf hin, daß z. B. abgelauschte und auf Tonspulen festgehaltene Walgesänge dem Lied der Nachtigall ähneln, wenn man die Walstimme schneller und die Vogelstimme langsamer abspielt. Das Co-Referat «Animals und Aesthetics» bewies dann, daß der Ruge offensichtlich zur Kommunikation fähig ist, eine Art erzählerische Kunstform entwickelt hat; der Wissenschaftler hob hervor, daß schließlich viele Künstler wie John Cage oder Olivier Messiaen konkrete Vogelrufe in ihre Musik eingearbeitet haben – man also auch im vorliegenden Fall durchaus von «Kunstformen der Natur» sprechen dürfe. Ob die Ruge-Geräusche dem Balz-Gebaren bestimmter Kolibri-Arten, die dem Weibchen mit Geräuschen ihres Schwanzgefieders imponieren, vergleichbar seien, blieb in der anschließenden Diskussion ungeklärt.

Rühmkorf, der

Gehört zur Familie der Ringelnatzer, einer Schlangenart, die durch häufiges Ablegen ihrer buntschillernden Häute bekannt ist. An sich ungefährlich, aber Frauen müssen sich vor ihrer listigen Possierlichkeit in acht nehmen; sie ist zwar nicht giftig, hat aber einen einzigen, stark ausgeprägten Zahn – deshalb «der Ledig» genannt –, mit dem sie gerne zubeißt und in weißes Fleisch musterförmige Zeilen prägt. Einreiben mit einer herb-bitteren Tinktur namens «Hoch-Benn» ist hilfreich.

Schädlich, das Spitzmausopossum. Über das unauffällige, nachtaktive Beuteltier gibt es nur wenig Erkenntnisse. Die heutigen Vertreter gelten als letzte Überlebende einer im Oligozän formenreichen Tiergruppe; diese weit zurückliegende Epoche ist auch als Honeckerolithikum in die Geschichte eingegangen, weswegen Fachleute die Spitzmausopossums unserer Tage als «lebende Fossilien» bezeichnen. Das hängt nicht zuletzt mit der hochumstrittenen Nahrungsaufnahme zusammen: Offenbar als gegnerische «Geheimagenten» erkannte Insektenlarven werden unzerkaut verschluckt, aber auch Spuren von Jungvogelfedern, gepuderten Rokoko-Perücken ähnlich, wurden in Magen und Darm gefunden. Der amerikanische Forscher Kirsch hat in seiner Studie «Zwischen Schauplatz und Elfenbeinturm» beschrieben, wie durch Hackfleisch geköderte Tiere junge Ratten töteten und verzehrten. Er bezeichnete den von ihm so genannten «Kulturflüchter» auch als beißwütig und streitsüchtig, was durch seltsame Kletterkünste und behende Verfolgungsjagden mit Hilfe der langen gebogenen Krallen belegbar sei. Über gesellige Verhaltensweisen, Fortpflanzung und Aufzucht der Jungen ist bislang überhaupt nichts bekannt.

Schirach, das Besonders durch seinen kühlen Kopf, also durch ein gut durchblutetes Gehirn ausgezeichneter Cousin des mitteleuropäischen Hirsches: Rentier genannt. Zu der Phantasiewelt, die sich um dieses arktische Huftier rankt, gehört, daß der «Santa Claus» mit ihm durch den Winter fliegt. In Wahrheit aber hat das bis zu 80 Stundenkilometer schnelle Schaufelhuftier für die Wirklichkeit überaus scharfe Augen, die seltsamerweise im Winter eine blaue und im Sommer eine goldgelbe Farbe annehmen; seine zahlreichen Bewunderer nennen das den «Advokatenblick» – tatsächlich ist es eine den nachts leuchtenden Katzenaugen ähnliche Anpassung an die je nach Schnee- oder Sommerlicht sich ändernden optischen Bedingungen bei der Nahrungssuche. Gegen kritische Kälte sind diese Rentiere wie Eisbären gewappnet: Ein äußerst dichtes Fell aus hohlen Haaren bildet eine wärmedämmende Luftschicht; Schnee auf dem Rücken des gut isolierten Tieres schmilzt nicht. Es ist aber zugleich für menschliche Streicheleinheiten höchst empfänglich, so daß die Schicht der unter dem Deckhaar liegenden Unterwolle sich wohlig kräuselt – übrigens auch im Scheinwerferlicht von Kameras.

Setz, der

Gehört zu den maskierten Säugetieren, die auch Zibetkatzen, Ginsterkatzen oder Linsangs genannt werden. Der Setz, jahrelang in Europa ausgestorben und erst seit kurzem in der Umgebung von Graz ausgewildert, wird in der einschlägigen Wissenschaft als «Larvenroller» geführt *(Paguma larvata)* und als Allesfresser beschrieben. Diese Wildkatze, ursprünglich in China und Südostasien beheimatet, sorgte dort für ein ökologisches Gleichgewicht, weil sie den Bestand an Insekten und kleinen Wirbeltieren minderte. Dadurch und durch die füchsische Zeichnung des schwarz-weiß gestreiften Gesichts ging das krallenbewehrte, langschwänzige Tier in die Fabelwelt ein. Viele Legenden ranken sich um den Larvenroller, seine gegen Feinde eingesetzten intensiven Duftstoffe und seine Nachtaktivität. So hält sich in Märchen und bäuerischen Sagen das Gerücht, diese Art der Ginsterkatze habe einen hypnotischen Blick. Wie man von anderen Lebewesen

sagt, sie brächten die Verhältnisse zum Tanzen, so wird kolportiert, die Wildkatze sitze oft bis zu einer Stunde bewegungslos vor ihren Opfern, die in eine Art Starrkrampf verfallen, bis der Nachträuber die Mäuse, Iltisse, Eidechsen oder auch Frösche verschlingt. Ein Zaubertrick, dem stilistische Eleganz zugeschrieben wird und der mit Wärmebildkameras ausgerüstete Fotojournalisten in hymnische Begeisterung versetzt, so daß sie schwärmen: «Da möchte man am liebsten das eigene Knie küssen vor Verzückung.»

Simmel, der Krebsart, auch Clarkee genannt, wohl abgeleitet von dem englischen Schuhwerk Clarks, das als besonders bequem und dauerhaft gilt; das Leder, aus dem die Träume sind. Das Tier ist bereits in die Fabelwelt eingegangen, so viele Geschichten kursieren über seine enorme Fortpflanzungslust und Verbreitung; so berichtete zum Beispiel eine Zeitschrift: «Wie vor sechs Jahren in Spanien ein Grundbesitzer mit der Einbürgerung amerikanischer Clarkee-Flußkrebse ohne große Mühe eine Menge Geld verdienen wollte. – Die Clarkees aus dem Missouri erfreuen sich bei Feinschmeckern höchster Wertschätzung und erzielen entsprechend hohe Preise. Der Grundbesitzer, Herr über riesige Reisfelder im sumpfigen Mündungsgebiet des Guadalquivir südlich von Sevilla, setzte die Krebse in seinen Reispflanzungen aus und harrte des sicheren Gewinns. Nach einem Jahr waren aus 500 schon 20 000 Clarkees geworden – und aus der Hoffnung auf Profit eine Plage. Denn die Krebstiere nährten sich nicht etwa wie im Missouri von Unkraut, sondern von den kostbaren Reispflanzen. Außerdem gruben sie sich in die Wälle der Reisfelder ein und zerstörten das kunst- und mühevoll angelegte Terrassensystem. Entsetzt versuchte der Gutsherr, die Krabbeltiere wieder einzufangen. Doch trotz aufwendiger Aktionen erwischten seine Männer nicht einmal die Hälfte, die anderen vermehrten sich immer schneller. Auch gegen Bekämpfungsmittel waren die Sechsbeiner immun. Zur Zeit krabbeln etwa zehn Millionen von ihnen in Spaniens Süden und vernichten weite Teile der Reisfelder. Jetzt wird nach natürlichen Feinden der Clarkees gesucht, die den Vormarsch aufhalten könnten. Fragt sich nur – sollte ein Gegner gefunden werden –, wer diesem nach getanem Werk dann wiederum Einhalt gebietet.»

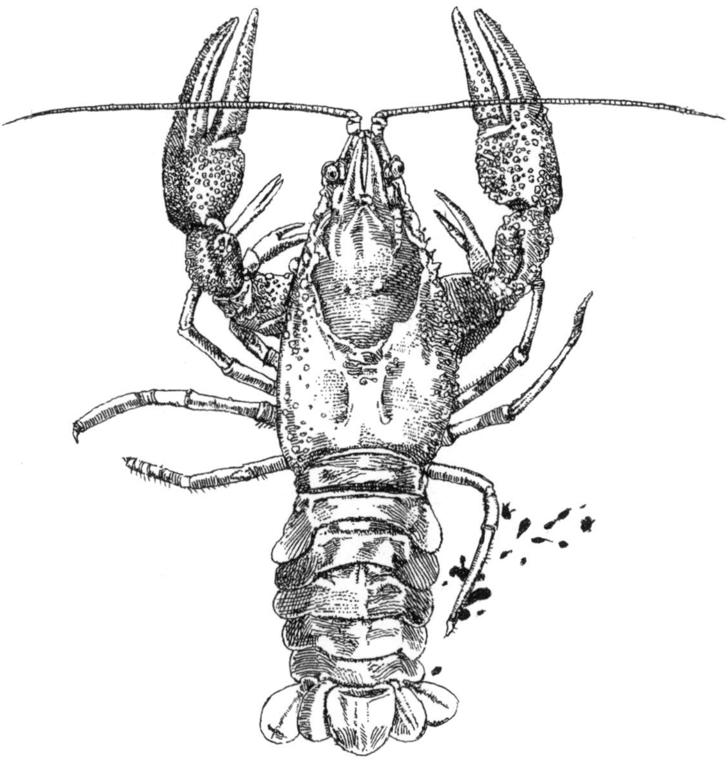

Stadler, der Koi. Dieser besonders schöne Fisch mit so ausdrucksvollen Augen, daß sie beim Futterschnappen stets etwas vorwurfsvoll wirken, stammt ursprünglich aus Ostasien. Touristen, auf deren T-Shirts der Aufdruck «Mein Hund, meine Sau, mein Leben» zu lesen war, haben den zaubrisch-funkelnden und in den apartesten Farben glänzenden Fisch nach Süddeutschland importiert, wo er zwischen Schwackenreute, Meßkirch und Rast heimisch wurde. Betrachter an Brückengeländern oder Teichufern sprechen indes von «Heimatsüchtigkeit», und einige wollen beobachtet haben, daß den gerne an der Wasseroberfläche durcheinanderwirbelnden Fischen in der europäischen Kleinräumigkeit «Flügel verliehen» wurden. Andere Beobachter, vor allem Frauen und Kinder, sehen sich wie in eine Märchenwelt eingelullt, wenn sie den klein-flinken oder auch behäbig-großen Wasserbewohnern zuschauen, die umeinandergleiten in locker angeordneten Formationen, als kämen sie direkt aus dem Himmelreich oder einer fernen Ewigkeit. Der Koi ist sein eigenes Wunder, einzigartig, die Menschen durch seine scheinbar naive Anmut an die eigene moralische Verknorztheit wie an schmerzliches Liebesbedürfnis gemahnend.

Strauß, der

Irrtümliche Bezeichnung für eine seltene, hochgewachsene Pfauen-Art; das Exemplar Botho, ganz in Weiß, hat statt der sprichwörtlichen strahlenden Pfauenaugen Schwanzfedern, die es stets einer Schleppe gleich hinter sich herzieht. Diese Sonderbarkeit läßt viele Betrachter in ein erstauntes «oh wonder» ausbrechen, zumal das durchweg einsam auftretende Tier sich in einer Mischung aus gravitätischem Stelzen und spöttisch wirkendem Hüpfen fortbewegt. Es sieht fast so aus, als zitiere es die Gangart anderer Vögel. Kopfwipper. Ein gelegentlich zu beobachtendes Anschwellen des Kammes geht der hektischen Suche nach Wasser voraus; aber so wenig das scheinbar stimmlose Tier je einen Laut von sich gibt, so versunken verhält es vor jedem Wasserspiegel, aus dem es keineswegs trinkt; vielmehr kann mit stundenlang geschwollenem Kamm der prunkvoll aussehende Vogel in das Wasser blicken, vor dem er allenfalls hin- und herparadiert. Übrigens andere Tiere und auch Menschen vollkommen ignorierend. Der Strauß vermittelt den Eindruck gleichgültiger Unnahbarkeit. Wurde noch nie bei der Paarung beobachtet.

Strubel, die

Lumme. Diese bemerkenswert begabten Vögel üben den «Lummensprung», was bedeutet, daß die Altvögel nachts, an felsigen Steilküsten hoch über dem Meer, diejenigen ihrer Jungen, die noch nicht fliegen können, aus dem Nest werfen. Trottellummen lernen das Schwimmen vor dem Fliegen. Die Kleinen brechen sich nicht das Genick, sie sind mit einer Art Luftkissen um die Knochen gepolstert. Die klugen Eltern – auch die männlichen Vögel brüten oft über den türkisfarbenen Eiern – warten die Dunkelheit ab, weil sonst Möwen die Küken aus der Luft wegfangen würden.

Die japanische Filmfirma Fisher Industries hat einen atemberaubend schönen Film gedreht, eine Mischung aus Documentary und Fiction, in dem das taumelnde Stürzen der kleinen flauschigen Bälle und das die Luft zerfetzende Schreien der Altvögel, die seltsame Verbeugung aufgeregter Männchen, der trudelnde Schmetterlingsflug der Mütter, wenn sie ihrer Brut frisch gefangenen Fisch ins Nest bringen, in hochkünstlerischer Form präsentiert wird. Der Film mit dem doppeldeutigen Titel «Der Wonneflug» wurde der fiktiven Szenen wegen in arabischen und einigen asiatischen Ländern verboten. In diese Szenen hatte der Regisseur sexuelle Sequenzen einmontiert: So masturbierte ein junger Ornithologe unentwegt im Rhythmus des anschwellenden Meeres vor Gotland, sein Glied per Zoom riesig wie ein Leuchtturm und die Entladung machtvoll wie die anbrandende Gischt. Auch der nächtliche Koitus des 22Jährigen mit einer 41jährigen Forscherin, unterlegt mit dem musikalischen Sausen peitschender Lummenflügel, galt als anstößig.

Süskind, das

Das Süskind, in der wissenschaftlichen Literatur gelegentlich auch unter dem Namen «Noli me tangere» behandelt, ist eine kapriziös-seltene, vielarmige Variante des Tintenfisches. Das wendige Tier zu fassen ist schwierig, weil es sich auf der Flucht in jeweils seiner Umwelt angepaßte farbige und stark riechende Tintenwolken hüllt – im Schwarzen Meer schwarz, im Roten Meer rot, im Gelben Meer gelb, im Toten Meer tot.
Es existieren verschiedene Untergattungen, etwa an der südfranzösischen Mittelmeerküste, deren man aber selten habhaft wurde. Nur in China ist das dort so genannte «Pattlig» Volksnahrung, die auf langen dünnen Leinen getrocknet wird; die bleistiftförmig schnurgerade gedörrten Fangarme werden von den chinesischen Kindern bei der Einübung der ersten Tuschzeichen benutzt; zusammengerollt, einem parfümierten Radiergummi ähnlich, auch als Riechkugel. Das «Pattlig» ist dort Einschulungsgeschenk wie in Deutschland ein «Pelikan» oder in den USA ein «Parker». Durch die Chinesen gelangte der polyglotte Wegtauchfisch an die Westküste Amerikas, wo man – vor allem in San Franzisko – in jedem Fischrestaurant «a Pattlig,

please» bestellen kann; das ist ein rötlich-braunes Pulver, an Pfeffer erinnernd, das zerstoßen serviert wird oder, in den besseren Häusern am Fisherman's Wharf dann auch in Gelb, Violett und Türkis angeboten, in pfeffermühlenartigen Plexiglasgeräten die ansonsten geschmacklose Clam Chowder würzt.

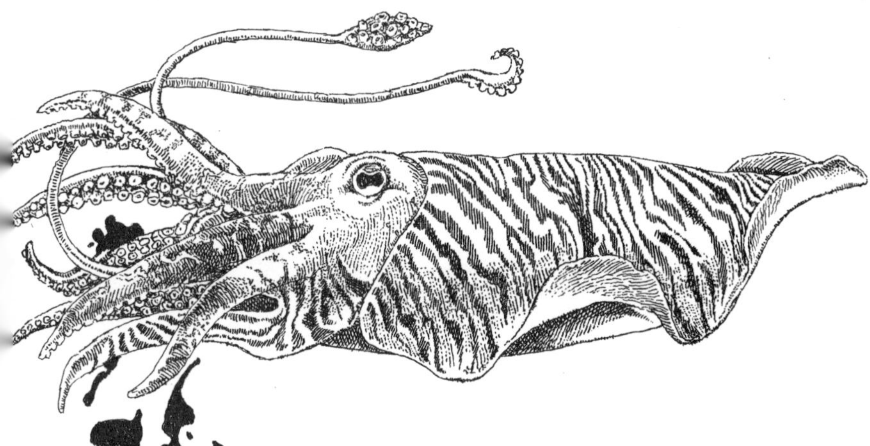

Suter, das

Das Murmeltier, nicht die Uhr, nicht der Käse, ziert das Schweizer Wappen; es ist auch beliebt als ein bekömmliches Nationalgericht. Sein großes Aufkommen führte dazu, daß das niedliche und wieselige Tier – ähnlich dem Meerschweinchen in lateinamerikanischen Ländern – gejagt und zu köstlichen Speisen verarbeitet werden darf. Der berühmteste Koch der Eidgenossen, einem Millionenpublikum bekannt, hat in seiner Sendung «Etwas sieht aus wie eine Mousse, schmeckt aber nach Schweinebraten» die verschiedensten Rezepte für die Zubereitung von Murmeltiervariationen populär gemacht. So empfahl er einen Rotationsverdampfer der Firma Büchi, mit dessen Hilfe er Lavendelessenzen, Feigenschnaps oder Granatapfelwein dem vorgestellten Ragout beimischte. Nicht ohne Stolz berichtete der Murmeltierkoch, daß Gérard Depardieu in dem Film «Small World» mit offensichtlichem Genuß eines seiner Gerichte verzehrte. Als einer der erfolgreichsten deutschsprachigen Feinschmeckerköche lebt er abwechselnd auf Ibiza und in Guatemala.

Tellkamp, die Rare Abart der Fledermaus, vornehmlich in alten vermoderten Türmen zu Hause, aus denen durch ihr Plustern unheimliches Rascheln dringt und nächtliches Phosphoreszieren die Beobachter fasziniert. Der Fachwelt bislang unerklärlich sind Geräusche in der Paarungszeit, die an das martialische Gerassel von Panzerketten erinnern. Dieser Gruseleffekt, bei Älteren als Echo einer vergangenen Zeit verstanden, beschert dem Tier eine große Gemeinde fröstelnder Bewunderer.

Walser, der Gehört zur Familie der «großen Kormorane». Ein hochtalentierter Taucher und Fischer auf großen Seen, dessen langer Hals ihn zu schnellen Wendemanövern im Wasser befähigt. Im Unterschied zu anderen Tauchvögeln lassen Kormorane Wasser in ihr Federkleid eindringen, weil ihre Lunge samt zugehörigen Luftsäcken dafür sorgt, daß der Körper eine geringere Dichte als Wasser hat. Um nicht an die Oberfläche zu steigen, muß der Vogel daher stets eifrig mit den Füßen paddeln. Bei der Jagd nach Beute zeigt der Walser erstaunliche Geschicklichkeit. Bei Experimenten am Bodensee tauchten die Vögel, winkte ein fetter Fisch als Belohnung, bereitwillig durch einen Tunnel mit Hindernissen. Die Eigentümlichkeit dieser Spezies besteht darin, daß – ähnlich dem Kuckuck – der Slalomkünstler gelegentlich seine Brut fremden Eltern unterschiebt, weswegen er in der wissenschaftlichen Literatur die Bezeichnung *Kormoranus jakobus* erhielt.

Wawerzinek, das Trotz intensiver Forschungen, u. a. an der Yale-University, kaum exakt zu kategorisierendes Tier, von dem einzig gesichert scheint, daß es mutterlos aufwächst. Deshalb ist in einigen Publikationen von «Rabenliebe» oder «Muttersuchung» die Rede. Vergleiche bemühen sowohl den Hinweis auf den sogenannten «Jungfrauen-Gecko», dessen unbefruchtete Eier Babys bergen, als auch die offenbar belegte Sonderbarkeit einer Schmetterlingsart *(Bicyclus anynana)*: Je nach Jahreszeit werben die Männchen per Flügelschlag um die Weibchen, wobei sie ihre augenähnliche Musterung zeigen, während diese ihrerseits zu einer anderen Jahreszeit um die Männchen buhlen – es gibt also kein identifizierbares Elternpaar. So ändert das Wawerzinek seine Laute von einem gewissermaßen weinerlichen Fiepton unvermutet in ein Gurren, Kollern und Fauchen, wie man es von balzenden Präriehähnen kennt. Die bislang ausgiebigste Studie wurde im Fachmagazin «Science» publiziert, die dem Tier aufgrund dieser Töne einerseits die Fähigkeit zu einem «Schmerzensmonolog» attestiert, sich andererseits aber über eine früh zutage tretende Jammerhaltung erstaunt zeigt, die so nicht einmal bei aus dem Nest gestoßenen Jungraben zu beobachten sei.

Weiss, der Nordschwedische Art des Eisbären, der gemeinhin als gutmütig gilt, aber zu Jähzorn und zum Verzehr von Journalisten neigt. Seine collagehafte Possierlichkeit täuscht über eine verborgene Gier zur Attacke hinweg, mit der er selbst wohlwollende Wärter überfällt. Anbiedernde Ausflüge nach Sibirien – oder in anliegende Ortschaften wie Pankow – sollten nicht über die grundsätzliche Disposition zur Einsamkeit hinwegtäuschen. Tanzt gerne auf öffentlichen Bühnen, wo er Pfiffe und Mißfallenskundgebungen übelnimmt, was zu einer generell mißverstandenen Ästhetik des Widerstands führt, die bereits in einer Loslösung von jeder elterlichen Bindung deutlich wird. Lebt in strikter Ein-Ehe, wenn auch nägelkauend. Versuche, ihn in Mitteleuropa heimisch zu machen, scheiterten.

Wohmann, die Recte: die Wehmann, ein auffallend schöner, schwarzgefiederter Vogel, dessen Lebensraum sich auf die Ausläufer des Odenwaldes in der Gegend um Darmstadt beschränkt, wo er seit fast acht Jahrzehnten heimisch ist. Im Volksmund wird ihm irrtümlich eine Verhaltensweise bescheinigt, wie sie Lemmingen angedichtet wird. Angedichtet, weil auch Lemminge sich durchaus nicht selber umbringen. Die Weh-Klagen, die dieser Vogel ausruft und die sich wie Todesschreie anhören, sind reine Fiktion, eine Form der in der Fauna seltenen raffinierten Täuschung. Diese Künstlichkeit soll Verfolger auf eine falsche Fährte locken. Zur Besonderheit des

«in Kammern zurückgezogen» lebenden Vogels gehört es, daß er das ganze Jahr hindurch brütet, wobei sich die weiblichen und die männlichen Tiere – die in strenger Paarbindung leben – ablösen und wechselweise zur Nahrungssuche ausfliegen. Die Wehmann, deren schön gesprenkelte Eier, kleiner als die der ordinären Möwe, als Leckerbissen gelten, ist ungeheuer fruchtbar und wird von kritischen Anrainern ihrer Nistgebiete als Plage bekämpft. Bevorzugte Nistplätze des Tieres, dessen ungewöhnlich umwimperte große Augen einen stets vorwurfsvollen Ausdruck haben, sind alte Gemäuer – Funkanstalten, Druckhäuser, Papierfabriken.

LOS ANGELES
LOS ANGELES

Wolf, die Riesenschuppentier. Im Unterschied zu anderen Spezies der Gattung, deren Panzer aus Knochenplatten von einer dicken Hornhaut bedeckt ist, hat *Manis gigantea* eine dünne Haut. Die den Körper bedeckenden überlappenden Schuppen lassen das Tier zierlich und wie gefiedert aussehen; im Laufe seines Lebens wirft es seine Schuppen ab und erneuert sie. Die Zunge ist länger als Kopf und Körper und erzeugt beim Herausschnellen einen leisen, etwas heiser klingenden Sing-Sang-Ton, auch «Giganten-Sound» genannt. Schuppentiere besitzen keine Zähne; aber die Abart Riesengürteltier, das bis zu Schäferhundgröße aufwachsen kann, hat große, scharfe Krallen und wirkt dadurch gefährlicher als unser Exemplar, das sich nicht verteidigen kann – zumal nicht gegen jagende Menschen. Eine gewisse Flinkheit befähigt die Wolf, sich bei Gefahr zu einem festen Ball zusammenzurollen, oder zum Graben eines unterirdischen Baus. Dort wird die Nahrung durch kräftige Muskeln und Steinchen im Magen zerkleinert. Über Sexualverhalten und Fortpflanzung ist nichts bekannt.

Wondratschek, der Wondra-Schreck. Schrecken verbreitender tschechisch-österreichischer Parasit, fast unsichtbar. Nistet bevorzugt in den mondänen Smoking-Revers und Seidenroben bei Box-Veranstaltungen. Jüngst auch festgestellt als Zerstörer des Samtfutters von Geigenkästen. Italienische Wissenschaftler wollen sogar das Ruinieren der Saiten eines Cellos «Mara» dem energischen Fresser zuschreiben, weil sie dessen leise, fast lyrisch klingende, melodiöse Laute während der Vernichtungsarbeit belegen konnten.

Zeh, der

Zeh wird etwas spöttisch der Rauhfußkauz genannt, eine kleine Eule, die sich zur Verblüffung der Naturschützer neuerdings in Deutschland ausbreitet – insgesamt 15 Bruthöhlen, die von den Rauhfußkauzpaaren bezogen waren, haben Forscher jüngst in norddeutschen Waldrevieren entdeckt. Allerdings bekommt man den 25 Zentimeter großen Jäger nur selten zu sehen, vor allem das brütende Weibchen ist extrem scheu und verbirgt sich vor dem Hauptfeind, dem aus Polen eingewanderten Baum-Marder. *Corpus delicti* wird der unverhältnismäßig große Kopf des Vogels genannt; während sein seidig-weiches Gefieder einen geräuschlos gradlinigen Flug ermöglicht, ist der Kopf mit den asymmetrisch angebrachten Ohren eine Hilfe beim Erlegen der Beute; meist sind es Mäuse, die mit den Krallen («Der Zeh») erlegt werden, nachdem ihr

Rascheln selbst unter einer Schneedecke «abgehört» wurde. Man nennt den eleganten Flug – bei schwindendem Tageslicht – auch «Spieltrieb», obwohl diese Bezeichnung anfangs nur auf die Jungvögel angewandt wurde, die das Weibchen in einer sogenannten «Schachtelbrut» betreut, nämlich in bestimmten zeitlichen Intervallen. Spezifisch für das Brut- und Paarungsverhalten ist, daß die Männchen treu sind, die Weibchen dagegen umherziehen und sich rasch mit anderen Männchen paaren.

Raddatz, der Der Prachtleierschwanz hat über viele Jahre hinweg Stoff für Legenden geliefert. So hat ein Anwalt, der seinerseits Belletristik verfaßte, ihn als «besten Sänger unter den Vögeln» bezeichnet und ihm Begabung für vielerlei Sprachmelodien bescheinigt: Spott-Töne des Wippflöters wie zarte Balzlaute, die an die Melodien der Glockenmeinate gemahnen. Der literatursinnige Anwalt hat sogar unter dem Titel «The Lore of the Lyrebird» eine CD bei einem führenden Reinbeker Verlag herausgegeben. Das Begleitheft zitiert Elias Canetti mit der Schilderung, wie der auch Menura-Hahn oder scherzhaft «Nicolaj» genannte Vogel treuer Begleiter einer Dame auf ihrem weitläufigen Anwesen wurde – obwohl die Mär von der Monogamie des sehr eitlen Tieres einer Überprüfung nicht standhält. Vielmehr stülpt der gerne vor spiegelndem Wasser Kokettierende den imposanten Sturz seines pfauenähnlichen Schwanzgefieders beim Kopulieren über seinen und des Weibchens gesamten Körper, was ein Forscher «monströse Schönheit» nannte, während ein außereuropäischer Kollege es als «einen Akt der Ästhetik» bezeichnete, der «die Biologie und ihre Logik in den

Schatten stellt». Das gilt als Anspielung darauf, daß der sexuelle Appetit – was sonst nur von Erpeln bekannt ist – sich durchaus auch auf das eigene Geschlecht konzentrieren kann. Diese «Leierschwanz-Facetten» täuschen allerdings darüber hinweg, daß das eigentlich scheue Tier gegen Feinde äußerst aggressiv ist, die es durch eine übelriechende Ausscheidung betäubt, um dann mit stolzgeschwungenen langen Schwanzfedern in Siegerpose den Kampfplatz zu verlassen.

Editorische Notiz

Dies ist keine Literaturgeschichte. Es ist ein Schmunzel-Brevier.

Der Titel meines kleinen Märchenbuches ist nicht ganz korrekt; wenn nicht gar fahrlässig. Zum einen zählen ja – so hört man immer wieder – auch Thomas Mann, Bertolt Brecht, Rainer Maria Rilke zur «deutschen Literatur». Hier verwandelt wurden also nur Zeitgenossen.

Zum anderen sind weder Peter Handke noch Max Frisch «deutsche Autoren»: allein, ein Titel wie «deutschsprachige Literatur» klang dem Verlag wie dem Autor allzu sehr nach Oberseminar.

So nahmen wir es als ermunternden Trost, als Daniel Kehlmann sagte, er sehe sich als «deutschen Autor», habe immer eine Abneigung gegen das Wort «deutschsprachig» gehabt.

F. J. R.

Benutztes Material

Als Material für diese Satiren habe ich – gelegentlich zitierend – benutzt:

URANIA TIERREICH in sechs Bänden
hier: Säugetiere
Urania-Verlag, 1. Aufl. 1992, Leipzig, Jena, Berlin

Grzimeks Enzyklopädie
Band 1: Säugetiere
Kindler Verlag, 1988, München

Grzimeks Enzyklopädie
Band 2: Säugetiere
Kindler Verlag, 1988, München

Grzimeks Enzyklopädie
Band 3: Säugetiere
Kindler Verlag, 1988, München

Grzimeks Enzyklopädie
Band 4: Säugetiere
Kindler Verlag, 1987, München

Grzimeks Enzyklopädie
Band 5: Säugetiere
Kindler Verlag, 1988, München

BREHMS TIERLEBEN
Neue Gesamtausgabe in Farbe und in Naturaufnahmen
Ausgew. und neu bearbeitet von Dr. W. Bardorff und
H. W. Brehm
Safari Verlag, 1973, Berlin

Dazu: diverse Wissenschaftsbeilagen in
Wochen- und Tageszeitungen

Inhaltsverzeichnis

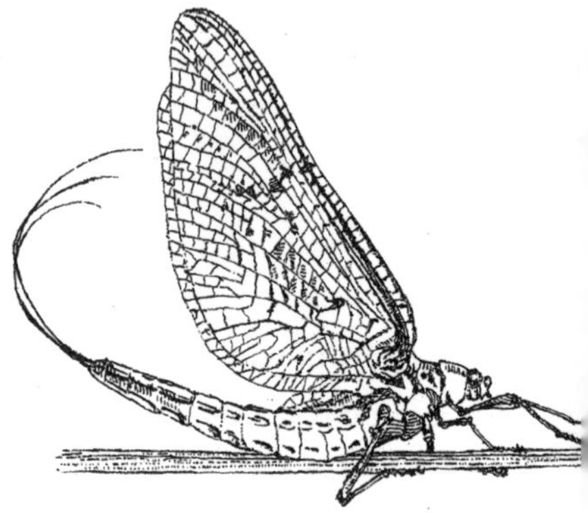

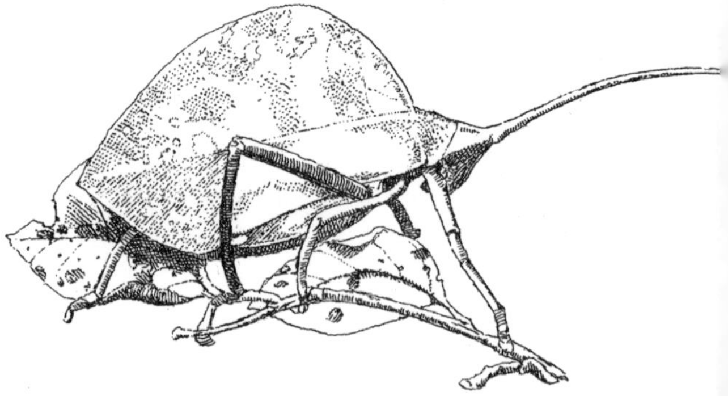

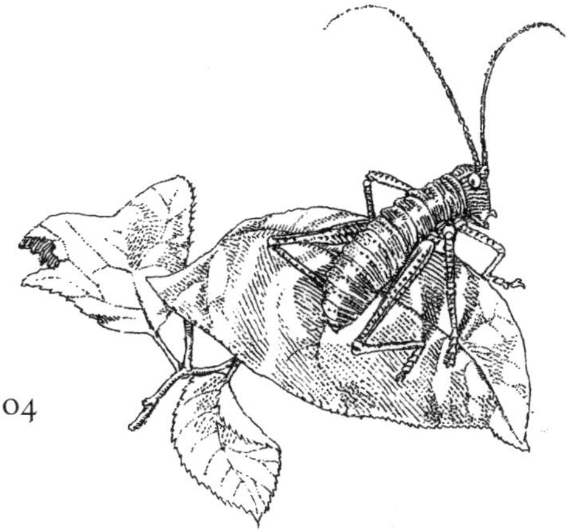

1. Auflage September 2012

Umschlaggestaltung Anzinger Wüschner Rasp, München,
unter Verwendung des Umschlagmotivs von Klaus Ensikat
Typografie Lisa Neuhalfen, Berlin
Satz aus der Abrams Venetian OTF (InDesign)
Herstellung Daniel Sauthoff
Druck und Bindung CPI – Clausen & Bosse, Leck
Printed in Germany
ISBN 978 3 498 05793 0